国体論
菊と星条旗

白井 聡
Shirai Satoshi

a pilot of wisdom

序――なぜいま、「国体」なのか

本書のテーマは「国体」である。この言葉・概念を基軸として、明治維新から現在に至るまでの近現代日本史を把握することが、本書で試みられる事柄にほかならない。「国体」という視点を通して日本の現実を見つめなければ、われわれは一歩たりとも前へと進むことはできないからだ。

だが、当然読者の脳裏には直《ただ》ちに疑問が浮かぶであろう。「戦前の時代はともかくとして、戦後には《国体》は死語であり、日本の現状を理解するには不適切ではないのか」と。「戦前の国体」とは何であったかと端的に言えば、万世一系の天皇を頂点に戴いた「君臣相睦《あいむつ》み合う家族国家」を理念として全国民に強制する体制であった。

この体制は、「国体」への反対者・批判者を根こそぎ打ち倒しつつ破滅的戦争へと踏み出し、軍事的に敗北が確定してもそれを止めることが誰にもできず、内外に膨大な犠牲者を出した挙句に崩壊した。単なる敗戦ではなく無惨きわまる敗戦は、「国体」の持っていた内在的欠陥、その独特の社会構造が然《しか》らしめたものにほかならなかった。

そのようなものとしての「国体」と手を切ったのが、敗戦後の諸改革を経た日本であり、現代のわれわれの政治や社会は、「国体」とはおおよそ無縁なものになっている、というのが一般的な認識であろう。

しかし、筆者は全く逆の考えを持っている。現代日本の入り込んだ奇怪な逼塞《ひっそく》状態を分析・説明することのできる唯一の概念が、「国体」である。

「国体」が戦前日本と戦後日本を貫通する「何か」を指し示しうる概念であるのは、戦前と戦後を分かつ一九四五年の敗戦に伴ってもたらされた社会改革によって、「国体」は表面的には廃絶されたにもかかわらず、実は再編されたかたちで生き残ったからである。

敗戦時の「国体」の再編劇において決定的な役割を果たしたのがアメリカであったことは、言うまでもあるまい。その複雑なプロセスに見て取るべきものを、本書では「国体護持の政治神学」と呼ぶ。

そしていま、アメリカの媒介によって「国体」が再編され維持されたことの重大きわまる帰結を、われわれは目撃しているのである。天皇とアメリカの関係性は、これまでもっぱら敗戦直後の経緯について政治史的観点から記述されてきた。本書のテーゼは、戦後の天皇制の働きをとらえるためには、菊と星条旗の結合を、「戦後の国体」の本質として、つまり、戦後日本の特異な対米従属が構造化される必然性の核心に位置するものとして見なければならない、というものである。

本文で詳しく見てゆくが、「戦前の国体」が自滅の道行きを突っ走ったのと同じように、「戦後の国体」も破滅の途《みち》を歩んでいる。「失われた二〇年」あるいは「三〇年」という逼塞状態は、戦後民主主義と呼ばれてきたレジームの隠された実態が「国体」であったがためにもたらされたものにほかならない。

その果ての破滅が具体的にどのようなかたちで生ずるかは、不確定要素が多いため、誰にも確言はできないだろう。だが、そうした予言の類は、現状認識を鍛え上げるうえでさして重要ではない。真珠湾攻撃当時の日本が戦場では勝利していたにもかかわらず本質的には破滅していたのと全く同じ意味で、われわれの今日の社会はすでに破滅しているのであり、それは「戦後の国体」によって規定されたわれわれの社会の内在的限界の表れである。

この視角から、「国体の歴史」――その二度にわたる形成・発展・崩壊――を叙述することを、本書は試みる。そこから得られる認識が、われわれの社会をそれがとらわれている奇妙な足踏み状態から解放することを、筆者は確信する。

近代前半（明治維新～敗戦）

		国内情勢	世界情勢
	天皇の国民		**ナショナリズムと帝国主義の時代**
		1853年　ペリー来航	1848年　諸国民の春
			1856～60年　アロー戦争(英・仏・中)
		1868年　明治維新	1861～65年　南北戦争(米)
		近代主権国家=国民国家の建設	1871年　ドイツ帝国成立
		1877年　西南戦争	1878年　社会主義者鎮圧法(独)
		1889年　大日本帝国憲法発布	1881年　皇帝アレクサンドル二世暗殺(露)
		1890年　帝国議会開設、教育勅語	
		1894～95年　日清戦争	1899～1900年　門戸開放宣言(米)
		1902年　日英同盟	1900年　義和団事件(中)
		1904～05年　日露戦争、日比谷焼打ち事件	1905年　第一次ロシア革命
		1910年　大逆事件、韓国併合	
		1912年　明治天皇没、乃木大将殉死	1911～12年　辛亥革命(中)
国体の	天皇なき国民	**アジア唯一の一等国へ**	
		大正デモクラシー	**第一次大戦と戦間期**
		1913年　大正政変	1914～18年　第一次世界大戦
		1915年　対華二一ヶ条要求	1917年　ロシア革命
		1918年　シベリア出兵、米騒動	1918～19年　ドイツ革命
		1919年　三・一独立運動(朝鮮)	1919年　パリ講和会議、コミンテルン結成、五・四運動(中)
		1921年　安田善次郎暗殺事件、裕仁親王摂政就任	1921～22年　ワシントン会議(日英同盟解消)
		1923年　関東大震災	1922年　ファシスト党政権獲得(伊)
		1925年　男子普通選挙法、治安維持法	1928年　不戦条約
	国民の天皇	1928年　三・一五事件(共産党大弾圧)、張作霖爆殺事件	1928年　北伐完成(中)
		昭和維新運動	**大恐慌から第二次大戦へ**
			1929～33年　世界大恐慌
		1931年　満州事変	1930年　ロンドン軍縮会議
		1932年　血盟団事件、五・一五事件	
		ファシズム	1933年　ナチ党政権獲得(独)、ニューディール政策(米)
		1935年　天皇機関説事件、国体明徴声明	
		1936年　二・二六事件、日独防共協定	1936年　西安事件(中)
		1937年　盧溝橋事件	1939年　第二次世界大戦開始
		1941年　真珠湾攻撃	1944年　ブレトン・ウッズ会議
		1945年　敗戦	1945年　第二次世界大戦終結

年表　反復する国体の歴史

近代後半（敗戦～現在）

世界情勢	国内情勢	
1945年　国際連合設立	1945年　敗戦、占領開始	
戦後復興と東西対立の時代	**占領改革**	1 アメリカの日本
1949年　NATO結成、中華人民共和国成立	1951年　サンフランシスコ講和条約、日米安保条約	
1950～53年　朝鮮戦争	1955年　五五年体制成立	
	1960年　日米安保改定（安保闘争）	
1962年　キューバ危機	**高度経済成長**	
1965～73年　米ベトナム戦争介入	1964年　東京オリンピック	
1968年　パリ五月革命	1970年　三島事件	
1971年　ドル・ショック	1971～72年　連合赤軍事件	
1972年　ニクソン訪中	1972年　沖縄返還、日中共同声明	
1973年　第一次オイル・ショック	1974～75年　東アジア反日武装戦線連続企業爆破事件	
低成長と冷戦終結へ	1976年　ロッキード事件	2 アメリカなき日本
1978年　改革開放政策（中）		
1979年　アフガン侵攻（ソ）	**ジャパン・アズ・ナンバーワン**	
1981年　レーガン政権成立（米）		
	1983年　不沈空母発言（中曾根首相）、東京ディズニーランド開園	
1985年　ペレストロイカ開始（ソ）、プラザ合意		
1986年　チェルノブイリ原発事故（ソ）	1986～91年　バブル景気	
1989年　ベルリンの壁崩壊（独）	1989年　昭和天皇没	
1991年　ソ連崩壊	1991～93年　バブル崩壊	
ポスト冷戦	**失われた20～30（?）年**	3 日本のアメリカ
1991年　湾岸戦争	1995年　阪神淡路大震災、オウム真理教事件	
1993年　EU発足		
1997年　アジア通貨危機	1996年　日米安保共同宣言	
2001年　9.11米同時多発テロ	2001年　小泉純一郎政権成立	
2003～11年　イラク戦争	2009年　鳩山由紀夫民主党政権成立	
2008年　リーマン・ショック	2011年　東日本大震災・福島第一原発事故	
2011年～現在　シリア内戦		
	2012年　第二次安倍晋三政権成立	
	2014年　集団的自衛権行使容認閣議決定	
2017年　トランプ政権成立（米）		
2017年～現在　北朝鮮核ミサイル危機	2016年　今上天皇「お言葉」発表	

目次

第一章　「お言葉」は何を語ったのか

1 「お言葉」の文脈

▼天皇の呼び掛け

二〇一六年八月八日、テレビを通して発せられた、強い「言葉の力」に筆者は釘付けとなった。自分が見聞きしているものは一体何であるのか、それを考えれば考えるほど、衝撃の感は深まっていった。

本書の「序」に記した問題意識を、筆者は『永続敗戦論』の執筆以来持ち続けてきた。「戦後日本の対米従属の問題は、天皇制の問題として、《国体》の概念を用いて分析しなければ解けない」という考えを懐《いだ》いてきたのだった。

それをどのように世に問うてゆくかを考えている最中に、思いがけないところから、筆者の問題意識の中心を射抜く出来事が生じたのである。それが、テレビ放送による天皇の異例の呼び掛け、いわゆる「お言葉」の発表であった。その異例性の衝撃とともに、「ついにここまで踏み込まざるを得なかったか」という感慨を覚えずにはいられなかった。この「異例」の行動は、同時に「必然」でもあると筆者は直感したのである。

発せられたメッセージの文脈と内容を読み込むならば、後述するように、その狙いのひとつは、戦後民主主義の秩序を崩壊の淵から救い出すことである、という推論が成り立つ。

天皇の政治的権能を否定する象徴天皇制のもとで、二〇一六年の「お言葉」はルール違反であると見る向きもあった。しかし、その象徴天皇制を一要素とする戦後民主主義体制のシステム全体を守るためには、システムが課す個別ルールに抵触するリスクを冒さざるを得ない、というぎりぎりの判断があったに違いないと筆者は感じたのだった。

▼「お言葉」の文脈——天皇の「闘争」

では、今上天皇にかような切迫した危機感をもたらした文脈は何であったのだろうか。

狭くは、憲法改正へと突き進む安倍政権に対する牽制を指摘できよう。「今上天皇が生前退位（譲位）する意思を固めたらしい」とのニュースがはじめて流れたのは、二〇一六年七月一三日である。それは七月一〇日の参議院選挙で改憲勢力が衆参両院合わせて三分の二以上の議席を獲得して、憲法改正の国会発議が可能になった直後というタイミングであった。

だが、問題は改憲問題にとどまらない。安倍晋三を首班とする自民党政権およびその周辺は、「戦後レジームからの脱却」を唱え、戦後民主主義体制全般に対する憎悪にも似た感情を露にしてきた。

そして、その憎悪の表面化に対して、事あるごとに、天皇・皇后夫妻は慎重だが明白な態度表明を行なってきた。また、とりわけ戦後七〇年の節目の年以降、第二次世界大戦の悲惨な歴史を想起することの重要性を何度も強調してきたことや、大戦の激戦地への慰霊の旅を繰り返してきたことも、この態度表明に含まれるものと見なしうるだろう。

当事者のうちの誰もその存在を決して公言しないそうした「闘争」が行なわれてきた末に、「お言葉」は発せられたのである。

▼天皇の生き方を否定する「保守」

この「天皇の決断」に対して、首相官邸は報復人事をもって応えた。「お言葉」の時点での宮内庁長官が更迭されるかのごとく退任し、安倍総理側近と目される警察官僚（西村泰彦）が宮内庁次長として送り込まれた。さらには、生前退位（譲位）問題に対処するために設置された「天皇の公務の負担軽減等に関する有識者会議」のヒアリング対象者に、今日の改憲運動の震源地となっている右翼団体、日本会議に縁の深い「有識者」が何人も選ばれた。

そして、闘争が最も明白に表面化したのは、二〇一七年五月二一日付の「毎日新聞」によるの次のような報道においてであった。

天皇陛下の退位を巡る政府の有識者会議で、昨年一一月のヒアリングの際に保守系の専門家から「天皇は祈っているだけでよい」などの意見が出たことに、陛下が「ヒアリングで批判をされたことがショックだった」との強い不満を漏らされていたことが明らかになった。陛下の考えは宮内庁側の関係者を通じて首相官邸に伝えられた。[1]

この報道に対し、例の西村宮内庁次長は「報道されたような事実はない」と全面的に否定し、「毎日新聞」側は「十分な取材に基づいて報道しております」とのコメントで応酬した。[2] 右の「毎日新聞」の記事はこう続く。

ヒアリングでは、安倍晋三首相の意向を反映して対象に選ばれた平川祐弘東京大名誉教授や渡部昇一上智大名誉教授（故人）ら保守系の専門家が、「天皇家は続くことと祈ることに意味がある。それ以上を天皇の役割と考えるのはいかがなものか」などと発言。被災地訪問などの公務を縮小して負担を軽減し、宮中祭祀だけを続ければ退位する必要はないとの主張を展開した。陛下と個人的にも親しい関係者は「陛下に対して失礼だ」と話す。

陛下の公務は、象徴天皇制を続けていくために不可欠な国民の理解と共感を得るため、皇后さまとともに試行錯誤しながら「全身全霊」（昨年八月のおことば）で作り上げたものだ。保守系の主張は陛下の公務を不可欠ではないと位置づけた。陛下の生き方を「全否定する内容」（宮内庁幹部）だったため、陛下は強い不満を感じたとみられる。

宮内庁幹部は陛下の不満を当然だとしたうえで、「陛下は抽象的に祈っているのではない。一人一人の国民と向き合っていることが、国民の安寧と平穏を祈ることの血肉となっている。この作業がなければ空虚な祈りでしかない」と説明する。

ここで名前が挙がっている天皇批判に踏み込んだ「保守系の専門家」とは、日本会議系の面々であり、安倍の思想的同志である。時の権力者と天皇の対立がこれほどまでにあからさまに可視化されるのは、日本史上果たして、いつ以来のことであろうか。

振り返るならば、すでに自称保守派の憲法学者、八木秀次が、雑誌上に「天皇・皇后は安倍政権の改憲を邪魔するな」という趣旨の論考を発表し、[3]立場を異にする保守派の憤激を招いたことがあった。だが、八木も有識者会議のヒアリング対象者に選ばれており、その人選に安倍晋三の天皇へのメッセージが込められていたとも言えよう。

このように、「お言葉」は、対立・闘争の存在という先行文脈のなかから発せられ、そしてその対立・闘争を顕在化させることとなった。[4]

▼「象形文字」としての「お言葉」

だが、この闘争において、「お言葉」の意味は、言うなれば「象形文字」によって言い表されている。

メディアは、対立の表層だけを追い、天皇の公務の在り方や宮中祭祀《さいし》の位置づけ、生前退位（譲位）の恒久的制度化の是非といったトピックをめぐる、今上天皇と政権の意向を体する人々との間での見解の相違が、あたかも事の本質であるかのように報じた。

しかし、仮にそうであるにすぎないのであれば、これらの問題は、両者の妥協と憲法や皇室典範を参照することによる技術的な解決が可能であり、「陛下の生き方を『全否定する内容』」だ、などという最高度の非難の言葉が宮内庁幹部の口から発せられたりはしなかったであろう。

ゆえに、われわれは、これらの顕在化したトピックを一種の「象形文字」として読み解かなければならない。こうした問題をめぐって現れた、対立の基底を見定めなければならず、それによって「お言葉」が位置する広義の文脈を見極めなければなるまい。

そもそも、「お言葉」自体が、「象徴としてのお務めについての天皇陛下のおことば」との名称を付され、象徴天皇自身による「象徴天皇制論」の体裁をとっていた。「お言葉」に闘争を読み込むのならば、「象徴の務め」を語る言葉は、その背後で展開されている闘争を浮かび上がらせる「象形文字」としてとらえられなければならない。言い換えれば、今上天皇が「象徴の務め」を語ることによって、何が婉曲に語られたのかを摑《つか》まなければならない。

すでに述べたように、語られることによって滲み出されたのは、今上天皇自身の持つ強い危機感であり、それは、煎じ詰めれば戦後民主主義の破壊・空洞化に対する危機感であった。

それがなぜ、「象徴天皇制とは何か」を通して語られねばならず、なぜこのタイミングで語られなければならなかったのか。

▼日本社会の「破産」

想い起こせば、戦後民主主義の危機は、二〇一一年三月一一日の東日本大震災と福島第一原発の事故、そしてその後の第二次安倍政権の成立とその施政によって、爆発的に表面化してきた。

原発事故はその発生に至る歴史的経緯を参照するならば、「原子力の平和利用」という国策が推進されるその仕方において、民主主義など一片も存在しなかったことを明らかにした。要するに、戦後民主主義社会の「民主主義」とは、イリュージョンにすぎなかったことを、あの事故は示してしまった。そしてその果てに、われわれはわれわれの国土を回復困難なかたちで傷つけたのである。

だが、日本社会の大勢はこの苦しい現実に立ち向かうよりも、むしろそこに開き直ることを選んだのであり、それにふさわしい政治指導者が安倍晋三であった。彼に象徴される政治権力の在り方は、この矛盾を真っ当なやり方で解きほぐそうとするどころか、矛盾によって侵蝕された体制をあらゆる手段を用いて死守するものである。「永続敗戦レジーム」[5]によって規定された「戦後」は、基礎を喪《うしな》って、もはや存続の手立てがないにもかかわらず、このレジームを惰性的に維持しようとする社会的圧力が、清算しようとする社会的圧力を上回っているために、宙に浮いたまま事実上維持されてしまっている。

この状態の行き着く先は、何らかの意味での「破産」である。

否すでに、原発事故の被災地は「破産」を経験しているし、長期政権化した安倍政権の下での常軌を逸した国会軽視や虚偽答弁、三権分立の破壊等によって、議会制民主主義もまた「破産」しているとも見なしうる。

あるいは、こうした支配層の道義的破産と呼応するかたちで出現している、各種の差別感情の大っぴらな表出といった事態は、大衆レベルでの精神的破産の証左となっている。また、支配層と大衆をつなぐ位置にあるマスメディアも、退却に退却を重ねてきた。

要するに、上から下まで「破産」している。戦後民主主義の危機は、単に平和憲法の存続が困難になってきたことを意味するのではなく、戦後社会の総体的な劣化を意味している。

2　天皇の祈り

▼戦後民主主義の危機＝象徴天皇制の危機

　そうしたなかで発された今上天皇の「お言葉」の内容として目を引いたのは、「天皇の務め」、とりわけ「象徴としての役割を果たす」ことに対する繰り返しの言及であった。「象徴天皇制とは何か」という問いは、筆者の知る限り、この何十年にもわたって社会的話題とはなってこなかった。それは取りも直さず、この問いへの答えは自明であるとの暗黙の合意が日本社会に存在していたということであろう。すなわち、「戦後の天皇制は象徴天皇制であり、そこにおいて天皇が何であるのかは憲法と皇室典範に書いてある」と。

　だが、戦後の起点（敗戦、占領、天皇制の存続、新憲法制定等）に立ち返れば当然合点がゆくことだが、新憲法を中核とする戦後民主主義は、象徴天皇制とワンセットのものとして生まれている。したがって、戦後民主主義が危機に瀕するということは、象徴天皇制もまた危機に瀕することを、論理必然的に意味する。

「お言葉」によって明らかにされたのは、日本社会が解決済みと見なしてほとんど忘れ去っていた問いをめぐって、天皇その人が孤独な思索を続けてきたという事実ではなかっただろうか。

そして、危機において、天皇は自らの思索の成果を国民に提示した。つまり、「象徴天皇制とは何か」という問いへ国民の目を向けさせることによって、それが戦後民主主義と共に危機を迎えており、打開する手立てを模索しなければならないとの呼び掛けがなされたのである。

▼動的象徴論

さて、今次の生前退位（譲位）の意向表明において、メッセージの政治介入的性格が最も濃厚に現れたのは、天皇が高齢化した場合の摂政による職務代行を明確に否定した点にある。

皇室典範第一六条には摂政の設置について規定があり、「身体の重患」などを要件としている。高齢化を「身体の重患」の一種と見なすことは不自然ではない。よって、天皇が加齢による体力低下のために公務を執り行なうのが困難になったのであれば、摂政を置くことが最も素直な法律解釈であるとの見解は説得力を持つ。

現に、報道によれば次のようなやり取りがあったという。「二〇一〇年七月二二日の参与会議で、天皇は退位の意向を表明。しかし、側近は『これまで象徴としてなされてきたことを国民は皆、分かっています。公務に代役を立てるなどして形だけの天皇となられても異を唱える者はいません』と翻意を促し」た。しかし、天皇はこの進言を「違うんだ」と断然拒否し、激論が闘わされたという。[6]

ここに今上天皇の思想がある。「象徴としての役割を果たす」こととは、ただ単に天皇が生きていればよいというものではなく、また摂政が代行しうるものでもない。文字通り「全身全霊をもって」国民の平安を祈り、また災害に傷ついた人々や社会的弱者を励ますために東奔西走しなければならない職務である、という御自身の考えがはっきりと打ち出されたのである。

今上天皇の即位以来、いわゆる「平成流」としてとらえられてきた天皇・皇后の行動の特徴は、「動く」ことだった。とりわけ、災害が相次いだ平成の時代に、おふたりが多くの被災地に赴き、時に膝を折って被災者と同じ目線に立ちながら、慰めと労《ねぎら》いの言葉を掛けてきた、その積極的な姿勢は、天皇・皇后に対する国民の敬愛の念を大いに高めてきた。「お言葉」は、このことに次のように言及している。

　私が天皇の位についてから、ほぼ二八年、この間《かん》私は、我が国における多くの喜びの時、また悲しみの時を、人々と共に過ごして来ました。私はこれまで天皇の務めとして、何よりもまず国民の安寧と幸せを祈ることを大切に考えて来ましたが、同時に事にあたっては、時として人々の傍らに立ち、その声に耳を傾け、思いに寄り添うことも大切なことと考えて来ました。（中略）日本の各地、とりわけ遠隔の地や島々への旅も、私は天皇の象徴的行為として、大切なものと感じて来ました。皇太子の時代も含め、これまで私が皇后と共に行《おこな》って来たほぼ全国に及ぶ旅は、国内のどこにおいても、その地域を愛し、その共同体を地道に支える市井《しせい》の人々のあることを私に認識させ、私がこの認識をもって、天皇として大切な、国民を思い、国民のために祈るという務めを、人々への深い信頼と敬愛をもってなし得たことは、幸せなことでした。[7]

この部分には、自らが貫いた姿勢が広く国民に受け入れられ、職務をやり通し得たことへの自負と満足が滲んでいる。そしてまさに、このように「動く」ことが加齢によって不可能になることが、退位をせざるを得ない根本的な理由だとされているのである。「お言葉」は次のように続けられる。

天皇の高齢化に伴う対処の仕方が、国事行為や、その象徴としての行為を限りなく縮小していくことには、無理があろうと思われます。

ここに今上天皇の「象徴天皇論」の核心があると見ることができる。

側近にせよ各種の識者にせよ、多くの場合、天皇のこれまでの働きへの感謝と労いの気持ちから、「天皇の高齢化対策」を「公務の縮小」に見出してきた。

しかし、まさにこの見解に対して、天皇は「違うんだ」と述べたのである。天皇たるものの、病気や加齢によって何ひとつ公務を執り行なえなくなったとしても存在しているだけで「象徴」たり得る、というわけでは決してない、と。逆に言えば、天皇が「動き」、国民との交流を深め、そしてそれに基づいた「祈り」を実行することによってはじめて、天皇の持つ「象徴」の機能は作用しうる、というのである。

▼天皇のアルカイスム――国を支える「祈り」

そして、この論点は、次のような摂政否定論に直接つながっている。

また、天皇が未成年であったり、重病などによりその機能を果たし得なくなった場合には、天皇の行為を代行する摂政を置くことも考えられます。しかし、この場合も、天皇が十分にその立場に求められる務めを果たせぬまま、生涯の終わりに至るまで天皇であり続けることに変わりはありません。

この件は、今上天皇の見解に含まれる一種のアルカイックな思想を想定しなければ理解できない。天皇は、「天皇が十分にその立場に求められる務めを果たせぬまま、生涯の終わりに至るまで天皇であり続ける」事態を何としても避けなければならない、と言っている。それはなぜなのか。

諸々の国事行為や事務的承認の仕事は摂政によっても十分その任が果たせるであろうし、外国からの賓客の謁見なども、健康上の理由とあれば、摂政によって代行しても礼を失することにはなるまい。してみればやはり、今上天皇が象徴天皇において代行不可能であり、その役割の核心であると見なしている事柄（＝「その立場に求められる務め」）は、「動き、祈ること」にほかならない。

そして、その務めを果たせなくなった天皇は、もはや天皇であり続けるべきではないと言う。それは、務めを果たせないのに天皇の地位にいるという状態が、その天皇自身にとって不本意だ（だから、退位させてほしい）、などということを言っているのではない。

それを裏づけるものとして、今上天皇は、生前退位（譲位）の制度化にこだわったと伝えられている。つまり、制度化することによって、その時々の天皇が「動き、祈ること」が止まってしまう事態を生じさせないこと、天皇による祈りに空白が生まれることを避けなければならない、と言っているのである。

周囲の人々による、「動けなくなっても、陛下が居てくださるだけで、十分にありがたいのです」という善意からの言上を、今上天皇がきっぱりと撥《は》ね退《の》けた理路は、ここにある。

右からわかるように、今上天皇は、国事行為のような近代法によって規定された天皇の仕事よりも、前近代的な「天皇の祈り」にはるかに重大な意味を見出している。

そして祈りは、「国民の安寧と幸せ」に向けられている。今回の「お言葉」によって明らかにされたのは、この「祈ること」に今上天皇がどれほどの熱意で取り組んできたのか、ということだった。

「天皇の祈りがひと時たりとも途絶えてはならない」というのは、その祈りに「国民の安寧と幸せ」が懸かっているからだ。言い換えれば、祈りの次元において、天皇は国民の幸福に対して無限責任を負っている。日本国民が幸福になるのも不幸になるのも、天皇の祈り次第である、と。

かかる思考は、近代的な思考の枠組みによっては理解不可能である。それは、今上天皇の思想に孕《はら》まれたアルカイスムにほかならない。

蛇足ながら、筆者は、「アルカイスム」を指摘することによって、今上天皇の思想を古臭いものとして批判したいのではない。「お言葉」は、このアルカイスムによって、「天皇は神なのか人なのか」という、天皇論における核心部に位置するが、しかし多くの場合曖昧に避けられてしまう問いに対する答えを出している。

神であれ人であれ、天皇はその祈りによって、日本という共同体の霊的中心である、というのがその答えであるように筆者には思われる。

この考えによれば、天皇の務めの本質は、共同体の霊的一体性をつくり上げ維持することにある。その現代的意味がどのような文脈上にあるのか、本書の最後に立ち返ることとしよう。

▼祈りによって「国民の統合」をつくり出す

かくして、「動く」ことに基づいた「祈り」が天皇を「象徴」たらしめる。それでは、その時、天皇は何を「象徴」するのか。

今回強調され、想起せしめられた――そして、憲法上の規定でもある――のは、天皇は「日本国の象徴」であるだけでなく、「国民統合の象徴」であるということだった。

天皇の「存在」（居ること）と「行為」（動き、祈ること）は、日本国憲法第一条の天皇規定、「日本国の象徴であり日本国民統合の象徴」に対応すると言えるかもしれない。天皇は、動けなくてもただ「居ること」だけで「日本国の象徴」でありうるのに対し、「動き、祈ること」によってはじめて「国民統合の象徴」たりうる。もっと言えば、祈りによって「国民の統合」をつくり出す。

なぜなら、国民が天皇の祈りによってもたらされる安寧と幸福を集団的に感じることができてはじめて、国民は互いに睦み合うことが可能になり、共同体は共同体たりうるからだ。

▼「国民統合」の危機を乗り越えるための譲位

以上のような、天皇の「動き、祈る」ことを中核とする「動的象徴論」は、天皇が高齢や病気のために弱った時には、祈りと励ましが同時に衰弱し、したがって天皇によって象徴される「国民の統合」が弱体化することを含意しよう。

ゆえに、体力の限界を迎えた天皇は、その位を去らなければならない、という結論に至るわけである。衰弱した天皇による衰弱した祈りによっては国民の安寧と幸福を十分にもたらすことができないとすれば、もっと力強く祈ることのできる若い天皇に位を引き継がせねばならないのだ、と。

それにしても印象的だったのは、「象徴とは何か」を語るその口調はいつものように穏やかであったにもかかわらず、その姿に滲んだ一種の烈《はげ》しさであった。先に述べたように、それは、戦後民主主義の危機＝象徴天皇制の危機の高まりという切迫感の現れであったのだろう。

戦後民主主義とは戦後の公式の国家体制そのものにほかならない以上、その危機とは、レジーム全般の危機であり、したがって「国民の統合」の危機にほかならない。

三・一一以来の「国民の統合」の危機の深まりは、あたかも今上天皇の高齢化＝体力の低下＝祈りの衰弱と並行するかのように進行してきた。まさにこの危機を打開するために、新しい若い天皇による祈りの更新が提案され、象徴天皇制について国民が考えるよう天皇が自ら訴える、という異例の行動がなされたのである。

3　戦後レジームの危機と象徴天皇

▼再び「お言葉」の文脈――対米従属レジームの未清算が生んだ危機

ただし、今上天皇に「自らの祈りによってこの国を支える」というアルカイックな自覚があるとしても、同時に天皇は近代人でもある。憲法上の疑義が生じかねない行為をせねばならないほど危機への切迫感が強くなったことに、合理的な理由はあるし、その理由を自ら明示的に語ることは決してないが、われわれがそれを読み取ろうと試みることはできる。

今上天皇が介入した政治的文脈が、戦後民主主義の危機＝象徴天皇制の危機であるとは繰り返し述べてきた通りだが、それは、筆者が展開してきた議論における概念を用いて言えば、「永続敗戦レジーム」が空中楼閣になっているにもかかわらず清算されず、逆にあらゆる強引な手法を用いてでも死守されていることによって生じている危機である。

そう考えた時、その危機とは、取りも直さず、対米従属レジームの危機、より正確に言えば、特殊な対米従属を基礎として維持されてきたレジームの危機である。

▼アメリカが設計した象徴天皇制

想起されるべきは、象徴天皇制を含む戦後レジームの総体が、そもそもはアメリカの戦後対日構想によってその基礎が設計された、という歴史的事実である。

天皇制の存続とともに戦力保持の否定を規定する戦後憲法が、アメリカの構想した対日政策においてワンセットであったことは数々の歴史研究が示しているが、象徴天皇制もまた、戦争が終結するはるか前にアメリカ政府内で構想され始めたものだった。

後に知日派の大物として駐日米大使も務めることとなるエドウィン・ライシャワーが、

「われわれの目的に最も適《かな》った、（日本人に対し）大変な権威を持つ傀儡」として天皇を戦後日本の復興と西側陣営への組み入れに役立つものと名指したのは一九四二年九月のことであったが、[8] 実際にこうした指針に沿って戦後日本の設計はなされてゆく。

ダグラス・マッカーサーが強く自覚していたように、アメリカの構想した戦後日本の民主化とは、天皇制という器から軍国主義を抜き去り、それに代えて「平和と民主主義」という中身を注入することであった。

つまり、対米従属構造の下に天皇の権威があり、さらにその下で営まれるものとして戦後民主主義は規定されていた。してみれば、象徴天皇制とは、大枠としての対米従属構造の一部を成すものとして設計されたものだった。

▼アメリカと国体をめぐる逆説

ゆえにわれわれは、一個の逆説に直面している。

今上天皇による象徴天皇制を何としても守らなければならないという訴えは、一方で、敗戦を契機としてアメリカの介入のもとに制度化されたものを守るべきだという訴えである。

他方であの「お言葉」は、対米従属の自己目的化された永続化が、いま戦後民主主義社会の総体を侵蝕している状況下で、天皇の象徴作用が象徴するものが「国民の統合」であることを想い起こさせた。それは、統合を維持ないし回復するためには、今日危機の源泉と化している戦後日本の異様な対米従属の在り方にケリをつけなければならない、ということを示唆する。

「アメリカ」は、肯定されると同時に否定されている。

こうした逆説があるからこそ、われわれは歴史に赴かなければならない。

思えば、占領改革と東西対立は、戦後日本をイデオロギーの次元ではすこぶる奇妙な状況に置いた。その構造においては、アメリカによる支配を受け入れることが、同時に天皇制の維持（独自性の維持）であり、民主主義でもあったのだった。国体の破壊（敗北と被支配）は国体の護持（天皇制の堅持）であり、国体の護持（君主制の維持）は国体の破壊（民主制の導入）であった。これらは敗戦に伴う一時的な混乱などでは、さらさらない。この奇妙な矛盾のうちに、戦後日本の腑分けされるべき本質が横たわっているのである。

▼アメリカを頂点とする「戦後の国体」

しかし、この状態は奇妙ではあっても、日本国民に果実をもたらした。それゆえに、戦後という時代は、「平和と繁栄」という形容を永らく与えられてきたのである。そしていま、そのことのアイロニカルな帰結を、われわれは目撃している。

戦後七十年余という月日は、この構造を表面化させると同時に、その変質を露《あらわ》にさせた。それは、天皇制を存続させたアメリカの真意（日本の価値観や文化を守ろうという善意でもなければ、それらに対する敬意でもなかった）が明らかになってくるとともに、冷戦終焉後の世界で、アメリカに追随しておればまずは間違いないという姿勢が日本の国家指針であることの合理性が失われたことによってである。

にもかかわらず戦後レジームを護持しようとする、この国の親米保守支配層にとって、いまや精神的権威は天皇ではなくアメリカへとスライドしている。安倍首相が各国のメディアから米大統領に「へつらっている」と評される一方、首相のお気に入りの言論人は「天皇は祈っているだけでよい」と言い放つ。

しかし、後に論ずるように、アメリカを事実上の頂点とする体制が「戦後の国体」なのであるとすれば、こうした現象は何ら驚くべきものではない。

しかも、この「戦後の国体」はいま、「国民の統合」を実現するどころか、それを破壊するものとして機能している。現に、政官財学メディアの主流を成す親米保守派の姿は、アメリカの国益の実現のために粉骨砕身しているかのように見えるが、それは日本社会を荒廃させることによって、「国民の統合」を上から破壊しつつある。あるいは、沖縄の声を無視した辺野古の基地建設の強行も、同じ作用をもたらしている。

そして、この体制を支える大衆的基盤に目を転ずれば、現政権の熱心な支持者である右派活動家たちが、街宣行動において星条旗を持ち出す光景は、すでに見慣れたものとなった。彼らにとって、星条旗は日の丸と同等に、あるいはそれ以上に国旗なのであろう。

▼われわれの立っている岐路

敗戦にもかかわらず天皇制が護持されたことを当時の日本人の大半が喜んだが、そのことの本当の意味が、いま露になりつつある。「われわれは、われわれの天皇を失いはしなかった」と本当に言えるのかという問いから、もはや誰も逃れることはできない。

おそらくわれわれは、世界史上でも稀《まれ》な、途轍もなく奇妙な敗戦、すなわち、どのような敗北を喫しているのか敗者自身が自覚できないことによってそこから脱出できなくなるような異常な敗北を経験しているのであり、そのことが表面化してきたのである。

このような状況下で「お言葉」は発せられた。

敗戦国で「権威ある傀儡」の地位にとどまらざるを得なかった父（昭和天皇）の代に始まった象徴天皇制を、烈しい祈りによって再賦活した今上天皇は、時勢に適合しなくなったその根本構造を乗り越えるために何が必要なのかを国民に考えるよう呼び掛けた。

もしもこれに誰も応えることができないのであれば、天皇制は終わるだろう。現に国民が統合されておらず、統合の回復を誰も欲してさえいないのならば、「統合の象徴」もあり得ないからである。あるいは、アメリカが天皇の役をやってくれて、それでいいのであれば、日本の天皇など必要ないからである。

われわれがそのような岐路に立っていることを、「お言葉」は告げた。

本書の探究が目指すのは、近現代の国体の歴史をたどることによって、この「岐路」の本質を見極めることである。

第二章　国体は二度死ぬ

1　「失われた時代」としての平成

▼平成とはどんな時代だったのか

今上天皇の生前退位（譲位）の意向表明は、「平成」の終わりが近づいてきたことを意味するが、後世の歴史家は平成時代をどのように規定するであろうか。

残念ながら、筆者自身が大部分の生を過ごしてきたこの時代は「愚かな時代」として規定されるであろう。世に言われる「失われた二〇年」あるいは「失われた三〇年」は、そのほぼ全体が平成時代と重なる。つまり、平成時代が丸ごと「失われた時代」であることは、ほとんど常識と化している。

その内実は、一九八〇年代のバブル経済が崩壊して以降、経済停滞が延々と続いているということのみを指しているのではない。

今日の視点から振り返るならば、平成時代の始まりに当たる一九九〇年前後という時期は、決定的な転換点を告げていた。

▼経済成長の終焉——民族再起の物語の空転

第一には、バブルの崩壊は、戦後ほぼ一貫して右肩上がりであり続けた日本経済の成長期にピリオドを打った。それは、冷静に見れば、西欧諸国やアメリカ合衆国と同様に、国民が全般的に富裕化することで国内での低廉な労働力が枯渇したり、著しい低開発地域が消滅した等のことを意味する。すなわち、日本の国民経済が構造的に成熟することで高度成長が望めなくなった段階に入ったことを意味した。

しかし、戦後日本にとって、「経済成長」は「豊かになること」以上の意味を持っていた。それは、「エコノミック・アニマル」と罵られ、過労死によって世界を驚愕させてまで、追求されるべき何かであった。なぜなら、そこにこそ、敗戦という巨大な挫折からの民族の再起という、戦後日本の物語が懸けられていたからである。

▼東西冷戦の終焉——アメリカによる「庇護」から「収奪」へ

第二には、東側ブロックの崩壊による東西冷戦の終焉である。

拙著『永続敗戦論』と『戦後政治を終わらせる』で論じたように、日本の戦後レジームの構造ならびに「平和と繁栄」に基礎を与えた最大の要因は、東西冷戦において日本が占めた絶妙の地政学的な位置であった。

ソヴィエト連邦という日米にとっての共通敵がある限り、アメリカはアジアにおける最重要の同盟者である日本を庇護する具体的な理由があり、したがって日本が対米従属を国家方針の基本とすることにもそれなりの合理性があった。この構造に守られて、日本は対米従属状態にありながら、経済の面ではアメリカにとって脅威となるまでに強大化した。

だが、ソ連を首領とする社会主義圏の崩壊は、事情を一変させた。この変化によって、アメリカが日本を庇護しなければならない動機は、基本的に消滅した。

「日米構造協議」が始まるのは一九八九年のことであるが、この流れは後に「日米包括経済協議」、さらには「年次改革要望書」等へと姿を変え、さらにはTPP（環太平洋パートナーシップ）協定へと展開し、そこからアメリカが離脱したことにより今後は日米FTA（自由貿易協定）協議へと展開することが有力視されている。

これらの協議では、公正な貿易によってアメリカの対日貿易赤字の削減を図ると称して、新自由主義的な政策の採用を強いる内政干渉的ですらある要求が突きつけられてきた。そしてその延長線上で、いわゆるジャパン・ハンドラーたちの手による、アーミテージ＝ナイ・レポートのごときものが、日本の政府与党の安保政策から経済政策まで重大な政策を公然と規定するという事態が生じるに至っている。

こうした推移が意味するのは、要するに、アメリカの対日姿勢の基礎が「庇護」から「収奪」へと転換したということであるが、国際的背景を考慮すれば、それは当然の事柄である。超大国の超大国たる所以《ゆえん》は、衰退局面にあってもそのツケを他国に廻《まわ》すことができるという点にある。

▼昭和の終焉

第三に、これは全くの偶然であったが、このふたつの大転換とほとんど同時に、一九八九年、昭和天皇の逝去によって昭和が終わった。関東大震災の余塵と大恐慌に始まり、ファシズムの台頭と一五年戦争の敗北、焦土化、そして驚異的な復興から経済大国への道をたどった激動の時代が終焉を迎えた。

一度は亡国の事態に直面し、「現人神《あらひとがみ》」と「人間天皇」の二生を生きた昭和天皇は、バブル経済に沸く日本の資本が、ニューヨークのシンボルたるロックフェラー・センターやコロンビア映画を買収した、というニュースが世間を賑《にぎ》わすのを見届けるかのごとく世を去った。

平成の時代は、この時に始まったのである。してみれば、この時代の課題は、戦後日本の「平和と繁栄」を支えた条件の消滅を受け止め、新しい条件に適応するための変化を成し遂げることであったはずである。

しかし現実には、力強い経済成長を取り戻すことはできず、さりとて経済成長に代わる新しい豊かさや幸福の在り方を確立することもできないまま、格差拡大と貧困の蔓延《まんえん》によって、新しい階級社会が生み出された（経済における「失われた二〇年」）。

それでもなお、戦後の日本人にとって、経済成長はナショナル・アイデンティティに関わるものであるがゆえに、永久に続かなければならないものであり、そうである以上、成長の停止は、純粋に経済的な困難のみならず、アイデンティティの危機をもたらし、それゆえかえって、成立不可能となった物語への固着を生ぜしめている。

経済停滞の理由のひとつである急激な人口減少（少子化）に対しては本格的対策が一向に採られない一方で、東日本大震災と福島第一原発事故からの復興の象徴が東京でのオリンピック開催と大阪での万博の招致に求められるという事態が、その倒錯性を雄弁に物語っている。

▼アジアにおける一番目の子分という地位の喪失

他方、政治においては、九〇年代に盛んに喧伝された「アジアへの着地」は頓挫し、対米従属の必然性が消え去った時代において対米従属が昂進《こうしん》するという逆説的事態が進行してきた。

その間、アジア諸国の国力の増大にともない、アジア地域で突出していた日本の国力の相対的低下が露になり、それがもたらす焦燥感は大衆のあいだでの排外主義的心情の広がりのかたちをとって現れている。

対米従属とアジアにおける日本の孤立は別の事柄ではない。それは、冷戦時代からコインの両面として機能してきたのであり、永続敗戦レジームの根幹的な構造をなすものである。第二次世界大戦後のアジアにおいて、「アメリカの一番目の子分」の地位を占めることによって、侵略と植民地支配という負の歴史に対して向き合うことを最小限に済ませることが可能となったからである。

しかし、冷戦の終焉は——朝鮮半島と台湾海峡において冷戦構造は残存しているとはいえ、中国が世界資本主義に統合された以上、——日本の戦後レジームを清算しなければならない状況を生んだ。

▼永続敗戦レジームの純化

しかし、われわれがいま、現実に目撃しているのは、清算どころか永続敗戦レジームの原理主義的な純化である。

自民党を筆頭に、政官財学メディアに根を張った永続敗戦レジームの管理者たち（＝親米保守派の支配層）は、アメリカからの収奪攻勢に対して抵抗する代わりに、その先導役として振る舞うことによって自己利益を図るようになり、対米従属は国益追求の手段ではなく自己目的化した。その一方、日韓や日中間の信頼醸成があらためて始まる気配は見えない。

かくして、安倍総理の「戦後レジームからの脱却」というスローガンとは裏腹に、自民党政権がやっていることは、東西冷戦という基礎を失って宙に浮いてしまったレジームを死に物狂いで維持することである。安倍晋三の自称する「保守主義」とは、この暗愚なる者を二度までも宰相の地位に押し上げた権力の構造を、手段を選ばずに「保守する」という指針にほかならなかった。

振り返れば、一九九〇年代には五五年体制の崩壊と政界再編が起こり、選挙制度の改革等を経て、二〇〇九年には民主党による政権交代が実現した。鳩山由紀夫民主党政権において最も明瞭に現れたように、そこには不健全な対米従属構造からの脱却を目指す試みが含まれていた。

しかし、結局のところ、政治の次元で「戦後を終わらせる」試みのすべてが対米従属体制の強化へと帰結したことは、平成時代の政治の極度の不毛性を表している（政治における「失われた二〇年」）。

▼「平和と繁栄」の「戦後」に執着した「平成」

終わらない「戦後」――それは、日本の戦後が「平和と繁栄」の良き時代として経験されてきただけに、その世界像に執着する傾向が生ずるのは理解できることではある。

しかし、いまやそのノスタルジアがどれほど病的なものへと転化しているかは、たとえば、第二次安倍政権が「アベノミクス」政策を喧伝するや否や、書店の経済時事のコーナーを埋め尽くしたアベノミクス礼賛本の数々を一瞥すれば、即座に了解可能である。

これらの書物によれば、アベノミクスによって日本経済は大復活を遂げる一方で、中国と韓国の経済は破綻することになっている。明らかに、これらの本は、経済時事本を装ったヘイト本である。こうした類の本の消費者にとっては、日本が経済的に復活するだけでは満足できず、中韓が没落しないと気が済まない。ここでは「経済的繁栄を取り戻したい」という純粋にそれ自体では穏当な願望が、追い上げてきたほかのアジア諸国民が「不幸のどん底に沈めばいいのに」という禍々《まがまが》しい願望と表裏一体をなしている。

そこには、「アジアの先進国は日本だけでなければならない」という、戦後の「平和と繁栄」という明るいヴィジョンに隠された暗い願望がある。それは、明治維新以来の日本人の欧米に対するコンプレックスとほかのアジア諸国民に対するレイシズム（人種差別）の表出にほかならない。われわれは、「敗戦の否認」を行なうことによって、それらの願望と心情を戦後に持ち越したのである。

しかし、すでに述べたように、その持ち越しを可能にした条件は消え去った。かくて、転換への適応に失敗し、その失敗を直視することもできないまま、コンプレックスとレイシズムにまみれながら「あの頃（＝冷戦時代）はよかった」という白昼夢にまどろみ続けた時代、ひとことで言えば、それが平成である。

後世の日本人（それが存続するならば）は、この時代の途轍もない愚かしさに驚愕すると同時に、われわれの世代を深く軽蔑するであろう。今上天皇の譲位の意向表明は、このような時代としての平成に天皇自らが幕引きを与えることを意味する。

▼二〇一八年と二〇二二年

そして、このような情勢のなかで、日本の近代は一五〇歳（二〇一八年は明治維新から一五〇年にあたる）を迎えた。しかし、節目という意味では、二〇二二年がもっと重大な意義を帯びる。というのは、この年を迎えると、「戦前」（明治維新から敗戦まで）と「戦後」（敗戦から現在まで）の時間の長さが等しくなる（ともに七七年間となる）のである。

われわれは、思考する際の習慣として、あるいは歴史意識として、「明治維新から敗戦まで」を日本近代の前半として、「敗戦から現在まで」を日本近代の後半としてとらえる傾向がある。一九四五年の敗戦は、日本近代史をふたつの異なった期間に分かつ強固な分水嶺である。

こうした歴史意識においては、「戦前」を「先人たちの時代」として、「戦後」を「われわれの時代」としてとらえる感覚が働いている。当然、前者は「遠く」、後者は「近い」。だが、この遠近感は、時代に対する知的な把握の可能性と反比例する。というのは、われわれが現にそのなかを生きている時空は、対象化しづらいからである。

われわれは、ごく自然に、「戦前」を「明治・大正・昭和前期」といったかたちで時期区分することによって、時代のイメージを摑んでいる。そしてその時、明治維新直後の日本（始発点）と一五年戦争期の日本（終着点）が、さまざまな意味で相当に異なったものであったことを理解している。

これに対して、「戦後」は、われわれがそのなかに生き、間違いなくある側面ではその連続性のなかにいるだけに、あたかも敗戦直後の日本と現代日本が、のっぺりと連続した、基本的に同じ世界であるかのようにイメージしがちである。ゆえに、「戦後」内部の時期区分について、定説らしい定説も存在しない。

しかし、もう遠からず、「戦後」の長さは「戦前」に等しくなるのである。

▼漂流する「戦後」

「戦前」の歴史はしばしば、近代化革命から急速な発展を経て、大きな失敗へと至った、というかたちで物語られてきた。

この物語に相当する語りを「戦後」はいまだに持っていない。だが、時間の長さという観点からすれば、われわれがその起源、展開から帰結へと至ったものとして「戦後」の歴史を物語るに十分な月日がすでに流れたのである。

にもかかわらず、「平和と繁栄」の時代という輝かしい戦後のイメージはその腐食が進む一方、戦後政治の申し子と見なされるべき総理大臣が「戦後レジームからの脱却」を絶叫するという滑稽劇が繰り広げられるなかで、「戦後とはどんな時代であったか」についてわれわれは有力な仮説すら手にしていない。

「戦後」が何であるのかわかっていないのに、そこから「脱却」して、一体どこへ行こうというのだろうか。「戦後」は終わっているはずなのに終わらない、終わっていないはずなのに終わっている、という奇妙な時間感覚のなかをわれわれは生きており、それによる平衡感覚の喪失は、右に述べたような空虚で禍々しい政治スローガンが可能となる基盤となっている。

平成と「戦後」というふたつの終焉、そして「戦前」まで含めた日本近代史のひとつの節目に直面するかたちで、「お言葉」は発せられた。そのことの意味は考え抜かれるに値する。

2　史劇は二度、繰り返される

▼「国体」は死んだのか

そこで本書は、日本近代史についての一個の仮説に基づいて歴史を語ることによって、そのトータルな構造を俯瞰し、「戦後」がいかなる時代であったかという問いに対する答えを模索する。

本書が採る方法は、明治維新から現在に至るまでの日本近代史を、「国体の歴史」としてとらえるというものである。

常識として、戦前日本は「天皇制国家であった」と言われる。そして、戦後の民主化は戦前日本のこの側面に対する否定を意味した。しかしながら、周知のように、天皇制は象徴天皇制へと改変されて継続した。

その一方で、象徴天皇を戴く制度が「国体」と呼ばれることは一般になく、それゆえ「国体」という言葉はほぼ死語となった。戦後民主主義体制は天皇制における「国体的側面」を否定・清算したと理解されてきたし、それは国際的約束でもある。しかし、本当に「国体は死んだ」のか。

▼国体護持が生んだ実質的占領の継続

筆者にとって、この問いが鋭く、また今日最重要のものとして突きつけられたのは、『永続敗戦論』を準備するなかで政治学者・豊下楢彦《ならひこ》の『安保条約の成立――吉田外交と天皇外交』（一九九六年）を読んだ時であった。

同書は、戦後日本の対米従属の起源と背景であるところの日米安保条約の成立（一九五一年）の過程において、昭和天皇が積極的に関与しようとしたという仮説を提示している。つまり、サンフランシスコ講和条約（一九五一年）は、連合軍（実質的にはほぼ米軍）による占領の終結、日本の国家主権の回復を意味したが、中華人民共和国の成立（一九四九年）と朝鮮戦争の勃発（一九五〇年）というかたちでアジアでの東西対立が激化するなかで、アメリカは引き続き日本に自らの軍事力を大規模に駐留させることを強く望んだ。その時アメリカが欲したのは、「我々が望むだけの軍隊を望む場所に望む期間だけ駐留させる権利」[1]（米大統領特使ジョン・フォスター・ダレス）であった。

吉田茂首相を代表とする当時の日本の親米保守支配層は、主権国家における外国軍隊の恒常的かつ無制約的な駐留という、主権の原則を危うくするこの要求に応えた。ある意味では、応えざるを得なかったのだが、豊下が主題化したのは、その過程で昭和天皇が果たした役割の重要性であり、天皇の意図に沿うために、日米安保条約が著しく不平等な、実質的には占領の継続を規定するような代物となった可能性である。

豊下の議論は、戦後憲法体制において象徴天皇は実質的な政治介入をしてはならないはずだ、という法律論上の問題の指摘にとどまるものではなかった。

彼があぶり出したのは、昭和天皇の示した方向性が、戦後日本の一般的な次元での体制の在り方を決めていったことの問題性である。そしてその指針には、沖縄の占領状態を長期間継続させることを天皇が米側に依頼した、一九四七年の「沖縄メッセージ」も重大な要素として含まれる。

▼共産主義への恐怖

昭和天皇が積極的にアメリカを「迎え入れた」最大の動機は、共産主義への恐怖と嫌悪であったと豊下は見る。[2] 東西対立が激化するなかで、内外からの共産主義の浸透を防ぐ守護神として、昭和天皇はアメリカの軍事的プレゼンスを求めたのである。

皇帝一家の殺害にまで至ったロシア革命の帰結と敗戦直後の社会混乱に鑑みれば、「共産主義革命＝国体の破壊」という観念自体は全くの絵空事ではなかった。したがって、アメリカの軍事的プレゼンスを積極的に受け入れることは、まさに「国体護持」の手段たり得たのである。

そこにおいて、天皇の政治介入がどれほどの直接的実効性を持ったかということは、さしたる問題ではない。問われるべきは、戦前から引き継がれたシステムとしての「国体」が、対米関係を媒介としてその存続に成功したこと、そしてそれによって、どのような歪《ゆが》みが日米関係にもたらされたのか（不平等条約の恒久化、対米従属体制の永久化）という問題である。

豊下いわく、「天皇にとって安保体制こそが戦後の『国体』として位置づけられたはずなのである」[3]。

筆者は、この一文から強い印象を受けて、『永続敗戦論』の第三章に「戦後の『国体』としての永続敗戦」という題を与えた。要するに、日米安保体制を最重要の基盤とする戦後日本の対米従属体制（永続敗戦レジーム）を、戦前からの連続性を持つ「戦後の国体」であると筆者は見なしているのである。そのような意味で、「国体」は死語になったからといって、死んだわけでは全くなかった。

▼「国体」概念がなぜ有効なのか

そして、戦後史はさらに奇妙なひねりを帯びることになる。

当初、共産主義対策を意図した国体護持の手段であったはずの対米従属は、共産主義の脅威が消えてもなお生き延びた、というよりもむしろ強化されることとなった。「国体としての安保体制」は、その存在根拠を失ってからこそ、それが「国体」である所以を露にし始めたとも言える。

その時、明白になってきたのは、戦後日本の対米従属の在り方の異様な歪み、その特殊性である。右に見た歴史的経緯のためだけでなく、世界に類を見ない（万邦無比！）特殊性をとらえるために、「国体」の概念が適用されるべきなのである。

国家体制が対米従属的であることそのものは、珍しくも何ともない。世界には、アメリカに対してさまざまな側面で従属的であったり、依存的である国は数限りなくある。また、戦後日本が対米従属の途を歩んだことに、不可思議なことは何もなかった。それは、敗戦の端的な帰結である。問題は、日本の対米従属そのものではなく、その特殊な在り方にある。

▼世界で最もアメリカに有利な地位協定

その最も見やすい例を挙げるならば、日米安保条約に付随する取り決めである日米地位協定の著しい不平等性である。周知のように、アメリカは世界各国に自国の軍隊を展開・駐留させているが、それぞれの国と、米軍（ならびに軍に随伴する軍属や業者）の地位や権利、基地提供の手続きや使用の在り方を定めた地位協定を結んでいる。伊勢崎賢治と布施祐仁《ふせゆうじん》は、日米地位協定と、さまざまな国とアメリカとの地位協定を比較検討しているが、彼らによれば、日米地位協定は、多くの点において「世界で最もアメリカにとって有利な地位協定と言ってもよい」[4]。

これは、まことに驚くべきことであると言うほかない。日米地位協定における日本の地位はしばしば、たとえば、明白にアメリカの傀儡であり、首都周辺の一部地域のみを実効支配しているにすぎないアフガニスタン政府の地位よりも低いのである。あるいは、いまだ北朝鮮と戦争状態（休戦中）にある韓国政府よりも低いのである。この状況が、特に沖縄で米軍関係者による重大犯罪が多発し続けていることと大いに関連しているのは、言うまでもない。

こうした比較は、日本の対米従属の理由が、日米間の現実的な格差（端的には軍事力の格差）でもなく、軍事的な緊急性にもないことを物語っている。

日本政府よりも明らかに支配力の低い（したがって、アメリカに依存している）政府や、戦争の現実的な危機にさらされている（これまたアメリカに高度に依存せざるを得ない）政府ですらも、日本政府よりも強い態度でアメリカと交渉し、その関係を少しでも対等なものとするよう努力して成果を挙げているからである。

▼従属関係を隠蔽する「トモダチ」という妄想

なぜ、このような不条理がまかり通りうるのか。

そこにこそ日本の対米従属において他に類を見ない特徴があるのだが、それは、従属の事実が不可視化され、否認されているところにある。そして、その不可視性をつくり出すために、従属の事実が「温情主義の妄想」によってオブラートに包まれた状態になっている。

たとえば日米関係においては、過剰に情緒的な言葉が公的にも選択され用いられる。「思いやり予算」や「トモダチ作戦」といった言葉遣いがそれであるが、これらの用語は「我が国とアメリカとの関係は、真の友情に基づいた特別なものである」という雰囲気を醸成する役目を負っている。「我が国がアメリカと友好関係を持つのは、国益についての冷たい打算のためではない。この関係は、あの戦争における凄《すさ》まじい殺し合いを乗り越えて果たされた、奇跡的な和解による相思相愛に基づいている」という物語が、これらの用語に、また節目節目に発される要人の発言に、封入されている。

現在に至っては、この物語の強化は極限に達し、国家元首による外交行事の際にアピールされる事柄は、「元首間の関係が親密である」ということ、その一事だけとなるに至った。

そして、日本の大メディアはこの見え透いた猿芝居を嬉々として演出し、その受け手たる日本の大衆がそれに怒りを爆発させることもない。諸外国のメディアで「トランプ米大統領にへつらう日本の安倍晋三」がしきりと取り上げられる一方で、日本の国内世論では「米大統領と上手《うま》くやっている日本の首相」のイメージが流通してしまうさまは、あまりにも対照的である。

つまり、親米保守勢力が支配する政府とそれを翼賛するメディア機関は、ただひとつの命題を国民に刷り込もうとし、それに成功している。「アメリカは日本を愛してくれている」という命題を。無論、アメリカから見た日本は一同盟国にすぎず、この命題は妄想にすぎない。

▼「天皇陛下の赤子」から「アメリカからの愛」へ

いかにしてこのような妄想が可能となったのか、またなぜそれが形成されなければならなかったのかという問題は、後に考察される課題である。ここで確認しておくべきは、この「日本を愛するアメリカ」という命題が、大日本帝国における天皇と国民の関係性についての公式的な命題と相似形をなしていることだ。

大日本帝国は、「天皇陛下がその赤子たる臣民を愛してくれている」という命題に支えられ、その愛に応えること——そこには「陛下が決めた戦争」において喜んで死ぬことも含まれる——が臣民の義務であり名誉であり幸福であるとされた。かかる物語は、強力な国民動員装置として機能したと同時に、破滅的な戦局のもとでも何とか犠牲を少なくしようとする合理的な発想を吹き飛ばした。

その果ての敗戦の結果、大日本帝国の天皇制は廃止された、はずであった。しかし、われわれがいま現実に目にしているのは、「天皇陛下の赤子」の相似形である「アメリカは日本を愛してくれている」という物語の亡霊と、その亡霊がなおも生者をとらえている異様な有様である。「国体」は、残骸と化しながら、それでも依然として国民の精神と生活を強く規定している。

▼「戦後の国体」も間もなく死ぬ

だがしかし、この構造は崩壊せざるを得ない。なぜなら、先にも述べたように、永続敗戦レジームはその土台を喪っているからである。永続敗戦レジームの破産は、「戦後の国体」の破産と同義である。

問題は、このレジームの清算が内発的に、すなわち大多数の国民の自覚的な努力によって実行されるのか、それとも外的な力によって強制されるのか、というところにかかっている。後者の場合の「外的な力」とは、戦争や経済破綻といった破局的事態を指し、多くの犠牲を伴うこととなる。思えば、「戦前の国体」の解体は、まさに破局的状況を通じて行なわれたのであった。

▼史劇は二度、繰り返される

いずれにせよ、われわれがいま目撃しているのは、「戦後の国体の危機」にほかならない。そのことを認識すると、われわれは日本近代史の総体に関して、ひとつの仮説を立てることが可能となる。

すなわち、それは、「国体の形成・発展と衰退、その崩壊」が二度繰り返される史劇なのである。

明治維新を始発点として成立した「国体」は、さまざまな側面で発展を遂げたが、昭和の時代に行き詰まりを迎え、第二次世界大戦での敗北によって崩壊した。

そして戦後、「国体」は表向きは否定されたが、日米関係のなかに再構築された。その「戦後の国体」に、「戦前の国体」の成立から崩壊までと等しい長さの時間（七七年間）が流れようとしているなかで、崩壊の局面に差し掛かっているわけである。

してみれば、このふたつの過程をパラレルなものとしてとらえることができるだろう。「戦前の国体」は、その内的矛盾を内側から処理することができず、解決を対外膨張に求め、そして破滅した。「戦後の国体」は、無論今日では単純な対外膨張など、あらゆる意味で不合理で不可能なものとなっているがゆえにかたちは異なってくるが、やはり同様に内的矛盾を内側から解決する力を欠き、破滅へと向かっている。「歴史は繰り返す」という警句は、ただそれだけでは抽象的であり、具体的に跡づけられなければならない。「国体の形成・発展・死」の反復する過程として近現代日本史の構造的見取り図を与えることが、本書の課題である。

3　戦前国体の三段階

▼「戦前の国体」の三つの段階

国体の歴史的軌道を追跡するにあたって示唆を与える議論を展開しているのが、社会学者・大澤真幸《まさち》の『戦後の思想空間』（一九九八年）である。同書で大澤は、戦前と戦後の並行性を考察しているが、その際に天皇制に言及している。大澤によれば、戦前の天皇制は、天皇と国民の関係性において三つの段階を経過したという。

すなわち、明治時代は「天皇の国民」として、大正時代は「天皇なき国民」として、昭和前期は「国民の天皇」として、それぞれ定義できる。[5]

「天皇の国民」「天皇なき国民」「国民の天皇」という概念については、後の論述で本格的に究明するが、簡潔に述べるならば、これらの概念は国家と国民との関係とその歴史的な変化を指している。

明治時代は、近代天皇制の「形成期」であり、それは同時に近代国民国家としての日本の基本的構造が確立されてゆく時代でもあった。紆余曲折《うよきょくせつ》を経ながら、天皇は明治憲法（大日本帝国憲法）によって「神聖不可侵」な「統治権の総攬者」として位置づけられるに至る。天皇は、いわば日本国を主宰する存在となったのである。同時にその過程で、日本の国土の住人は「天皇の国民」として再定義された。

▼北一輝《いっき》の理想――「天皇の国民」から「国民の天皇」へという反転

この定義を反転させたのが、北一輝に代表されるファシズム思想であった。

北の『日本改造法案大綱』（一九二三年）の最初の章は、端的に「国民の天皇」と題されている。昭和期に入ってからの日本社会が経済恐慌から総力戦へと向かうなかで、さまざまな勢力によるさまざまな方向性での「国家改造」が企てられたが、天皇制の展開という視角から見た場合、その企ての一部には天皇を「国民の天皇」化する試みを見て取ることができる。

具体的に言えば、それは、受動的に支配・動員される「天皇の国民」を、理想国家実現のために能動的に活動する（この時代の場合、「昭和維新」のために命をささげる）国民へと転化する試みであり、その転化が成し遂げられる時、能動的な臣民によって押し戴かれる天皇は「国民の天皇」となる。

北一輝の思想に心服していた陸軍青年将校たちは、自らを窮乏する農民の代弁者と見なすと同時に、「天皇は自分たちの行動をわかってくれるはずだ」との考えに基づいて二・二六事件を起こした（一九三六年）。

彼らが社会的矛盾の解決方法と見なした「君側の奸《かん》を討つ」とは、天皇と国民との本来の一体性を阻害する邪魔者（具体的には、重臣、財閥、政党政治家等）を取り除いて、天皇を国民の側に奪還する行為であると観念された。その意味で、二・二六事件は「国民の天皇」の観念が最も先鋭化した瞬間を印している。

▼「天皇なき国民」の時代としての大正期

「天皇の国民」の時代と「国民の天皇」の時代の間に挟まれているのが、「天皇なき国民」の時代としての大正デモクラシーの時代である。

この時代は、独立を死に物狂いで維持し、列強に伍《ご》すという明治維新以来の国家的目標が日露戦争での勝利によって一定の到達点に達したことから、藩閥政府による権威主義的支配が揺らぐと同時に、社会生活のさまざまな領域で自由化が進んだ、と言われる時代である。自由主義的な思潮が流行し、資本主義の発展が都市の消費生活を華美なものとした。

これらの現象に対して批判的な人々は「弛緩」を嘆き、肯定的な人々は「解放」と感じたが、後世から振り返るならば、この時代は実に、「天皇制国家の一時的緩和」の時代として現れ、奇しくもそれは病弱で存在感の薄い天皇(大正天皇)のイメージと親和的であった。

そして、大正デモクラシーを代表する二大政治思想は吉野作造の「民本主義」と美濃部達吉らによる「天皇機関説」であったが、このふたつの学説には共通点があった。それは、明治憲法下でできる限りの民主化を図ろうという意図である。その際回避されざるを得なかったのが、「主権の所在」の問題である。

「民本主義」の「民本」とは「民衆本位」を意味するが、これは吉野が「デモクラシー」――democracy は直訳すれば、「民衆による支配」である――に充てた訳語であった。すなわち、主権の所在の問題を回避する（あえて問わないで済ます）ための工夫だった。

他方、天皇機関説の場合、美濃部は明治憲法のもとで適切な憲法解釈をすれば民主主義政治は十分に実行可能であると考えており、国民主権の主張を故意に曖昧化するという発想は持っていなかったと思われる。

だが、天皇機関説が下敷きとしたのは、ドイツで法学者ゲオルグ・イェリネックらによって主張された国家主権説（国家法人説）である。それは、主権は国家そのものに帰属するとした学説であり、君主権力の無制約性に対抗し制限しようとする、言い換えれば、君主に実権のない立憲君主制を確立しようとする文脈で生まれたものだった。その意味で、機関説も「統治者としての天皇」を希薄化（形骸化）する作用を持っており、それゆえ後に激烈な排撃対象となる（天皇機関説事件、一九三五年）。

以上のように、戦前の国体史を最もシンプルに総括するならば、「天皇の国民」から「天皇なき国民」の段階を経て「国民の天皇」へと達したところで、システムが崩壊するに至ったという歴史として把握することができる。

4　戦後国体の三段階

▼「戦後の国体」も戦前の過程を繰り返す

同様のサイクルを戦後史に当てはめることが可能であると想定するのが、本書の方法である（六〜七頁の年表参照）。

戦後においては、「天皇」の位置、あるいは機能的等価物を「アメリカ」が占める。ゆえに、サイクルは「アメリカの日本」「アメリカなき日本」「日本のアメリカ」として現れるはずである。

筆者は、拙著『戦後政治を終わらせる』において、日米安保条約の意味の歴史的変遷について検討を加えた。[6] 日米安保条約は、一九五一年の締結、一九六〇年の改定、そして条約のそもそもの仮想敵たる共産圏が消滅したという契機によって、三つの時期に区分可能であるが、それぞれの時期において条約の意味は異なり、したがって、そこに現れる対米従属の性格も異なっていることを、そこでは論じた。

大まかに言って、「戦後の国体」の時期区分に基づく性格づけは、「対米従属体制の形成期」「対米従属の安定期」「対米従属の自己目的化の時期」の三段階として規定できる。この区分を踏まえながら、「戦後の国体」がどのようなかたちで三つの段階を成すのか、略述してみよう。

▼対米従属体制の形成期——「アメリカの日本」の時代

一九五一年の日米安保条約締結は、対米従属体制の形成と確立を促進したが、それは逆に言えば、その体制は当時まだ不安定であったということである。

その不安定性が最高潮に達するのが一九六〇年の安保改定に伴った安保反対闘争であったが、結局安保改定は実現し、日米の支配層はこの深刻な政治危機を乗り切ることに成功した。つまりは、日米安保体制は安定期へと向かうこととなった。

ただしそれは、六〇年安保を経て速やかにそうなったわけではない。六〇年の安保闘争が一面では反米ナショナリズムに駆動されていたことは確かであるが、アメリカ帝国主義に対する反感の火は、ベトナム戦争によってあらためて油が注がれることになったからだ。

そして、この感情と一体をなすかたちで、全共闘運動は展開されることとなる。その終焉を印した象徴的な出来事は、連合赤軍事件（一九七一〜七二年）とそれにわずかに先立つ三島由紀夫の自決（一九七〇年）であっただろう。

占領によって文字通り「アメリカの日本」として出発した戦後日本が混乱と紆余曲折を経ながら経済的繁栄という明白な果実を獲得しつつあったなかで、にもかかわらずいかにしても拭えない違和感が残り続け、それがラディカルな異議申し立ての政治運動として展開されてきたわけだが、それもまた破綻へと追い込まれてゆくことにより、最終的にこの戦後第一期に終止符が打たれる。

▼対米従属の安定期――「アメリカなき日本」の時代

かくして、戦後は第二期に入る。第一期と第二期を画する出来事のひとつにニクソン・ショックがある。一九七一年のニクソン訪中宣言（米中国交樹立へ）ならびに金ドル交換停止（ブレトン・ウッズ体制の終焉）である。

両事件は、戦後のアメリカの国策の大規模な軌道修正を意味したが、それは「偉大なるアメリカ」の相対化をも意味していた。外交においては、共産中国が確固として現実に存在していることを認めざるを得なくなったのであり、経済においては、米ドルの世界で唯一の兌換《だかん》紙幣という立場を棄《す》てざるを得なくなった。

第二次世界大戦後の世界でのアメリカの国力の圧倒的に卓越した地位を相対化させたものは、西ヨーロッパと日本の復興と経済成長であり、とりわけ日本の経済力の躍進は、かかる作用を促進した。

結果、一九七〇年代から八〇年代にかけては日米貿易摩擦が激化する。戦後の日本人がナショナリズムを最大限に満足させることができたのは、この時代においてであっただろう。レーガン政権が「強いアメリカ」をいくら標榜しようとも頽勢《たいせい》は覆うべくもない一方で、日本経済はオイル・ショックを経ても堅調な成長の続く、先進国中で例外的な存在となった。ついには「ジャパン・アズ・ナンバーワン」（一九七九年出版のエズラ・F・ヴォーゲルの大ヒット著作のタイトル）とまでもてはやされるに至るわけだが、それは「アメリカに追いつけ追い越せ」を目指してきた戦後日本のひとつの到達点であった。

この到達点は両義的である。それはまぎれもなく、対米従属レジームの安定による果実であった。形成期を通じて選択された「対米従属を通じた復興」という路線が安定的に継続されたことにより、経済分野では宗主国を脅かすまでに至ったのであったが、それによる反作用（アメリカからの反転攻勢）を当然予期すべきであった。しかし、そうした意識は希薄であった。

「戦前の国体」のサイクルと比較して言えば、「天皇なき」大正デモクラシーの時代が一五〜二五年程度（論者によって異なる）の小春日和として経験されたのと同じように、「アメリカなき日本」の時代が、一五〜二〇年にわたって経験されたのである。

▼対米従属の自己目的化の時期――「日本のアメリカ」の時代

次なるターニングポイントは冷戦崩壊である。

それが意味したのは、日米安保条約がそもそもの存在目的を失ったことのみではない。アメリカが日本をアジアにおける第一の同盟者として遇する必然性が消滅したのである。逆に日本の側から見れば、対米従属を国家の根本指針とする必然性が消滅した。

ところが、すでに述べたように、日本の対米従属は相対化されるどころか、ますます顕著となり、今日に至っている。戦後の対米従属路線は、そもそもは国家の復興のための手段であったはずが、いつの間にかそれは、自己目的化されるに至った。

以上の三つの段階、「対米従属体制の形成期」「対米従属の安定期」「対米従属の自己目的化の時期」のそれぞれが、「アメリカの日本」「アメリカなき日本」「日本のアメリカ」

と照応関係を持つはずであり、その具体的様相を次章以降で追究する。

▼「理想の時代」「虚構の時代」「不可能性の時代」

右に述べてきた歴史の三段階における各時代の簡潔な特徴づけは、次のように可能である。

先に言及した大澤真幸は、見田宗介が一九九〇年に提示した戦後の時代区分（「理想の時代：一九四五〜六〇」「夢の時代：一九六〇〜七〇年代前半」「虚構の時代：一九七〇年代半ば〜九〇」）を参照しつつ、独自の戦後の時間的な区分を試みている。[7]

それによれば、一九四五年からおよそ七〇年までが「理想の時代」、一九七〇年頃からオウム真理教事件の発生する一九九五年までが「虚構の時代」、一九九五年から現在までが「不可能性の時代」として定義される。

大澤は、彼独特の「第三者の審級」概念の社会的作用ないし機能不全を基準としてこうした区分を行なっている。その詳細には本書では立ち入らないが、われわれにとってこの区分規定は示唆的である。というのも、「理想」「虚構」「不可能性」は、戦前・戦後両方の三つの時期を特徴づけるのにふさわしい概念なのである。

第一期は、近代前半（戦前）においては「封建社会から一等国へ」という「理想」が追求・実現された時代であり、近代後半（戦後）においては「焦土から文化国家・平和国家へ、そして経済大国へ」という道程をたどった。いずれも、明快な「坂の上の雲」があり、それを目指した時代である。

同時に、この時代はいずれも著しい混乱期であった。そして、混乱期には多様な可能性が潜在していた。逆に言えば、可能なる多様な方向性がせめぎ合う時期だからこそ、混乱するのである。

しかし、紆余曲折を経て、多様な可能性はひとつの方向性へと収斂せしめられてゆく。それは、社会の安定化を意味したが、同時に可能性が失われてゆくことも意味した。

そして第二期は、あたかも「天皇なき天皇制国家」「アメリカなき日本」が可能であるかのような空気が醸成されたという意味で、「虚構的」であった。

近代前半においてはそれは大正デモクラシーの虚構性であり、近代後半においては世界システム論のイマニュエル・ウォーラーステインさえもが、日本がアメリカの次の覇権国の座を占める可能性に言及するほど[8]、戦後日本の達成が過大評価されたという意味で「虚構の時代」であった。

第三期は、第二期の虚構性に孕まれた潜在的な矛盾が昂進し爆発的に露呈する時代として定義されよう。そのような世界において人々が現実を認識する準拠点を、大澤真幸は「不可能なもの」と呼んでいる。「不可能なもの」とは、近代前半においては「国民の天皇」の観念であったと言えようし、近代後半においては「アメリカに抱かれる日本」あるいは「日本のアメリカ」であろう。

大澤いわく、「不可能性の時代」においては、人間の存在様式が「現実への回帰と虚構への耽溺」という一見相反するふたつのベクトルによって引き裂かれるという。[9] 人間自身を含む万物が政治的ないし経済的スペクタクルのなかに吸い込まれてゆく（虚構への耽溺）一方で、スペクタクルによって覆われてしまった「真にリアルなもの」、「現実の中の現実」を求める衝動が高まるというのである（現実への回帰）。

確かに、「アメリカに抱かれる日本」とは虚構にすぎないが、政治や経済の領域での対米従属体制内エリートたちの方針決定が、現実にそのような観念に基づいて行なわれ、そのプロパガンダが国民のあいだで広く流通している――虚構どころか、この観念こそが唯一の「現実主義」的な国家方針の基礎をなしている――ことは現実である。

言い換えれば、虚構は現実を乗っ取っているのであって、それが「現実の中の現実」にたどり着きたいという激しい衝動を引き起こす。筆者の『永続敗戦論』以来の仕事はそのような衝動に動機づけられていると言えようし、たとえば矢部宏治の一連の仕事（『日本はなぜ、「基地」と「原発」を止められないのか』など）に代表される、対米従属の深層を探究する仕事が近年同時に次々と現れてきた事実が、この衝動を、そして「不可能性の時代」における激しい分裂を物語っている。

5　天皇とアメリカ

▼「憧れの中心」としてのアメリカ

右に述べてきた「天皇とアメリカ」あるいは「天皇（戦前）からアメリカ（戦後）へ」という視点は、直接的には日米安保体制の歴史に対する洞察から与えられた。

ただし、それ自体では軍事的な同盟関係を意味するにすぎないものが、「国体化」する、すなわち、戦前のレジームにおける天皇制の継承者となって、国民の精神にも絶大な影響を及ぼすという事態は、軍事的次元や狭義の政治的次元において生起したものではあり得ない。

かかる事態は、戦後の国民生活において、物質的なものを媒介として文化的および精神的次元に、「アメリカ的なるもの」が怒濤《どとう》の如く流入してこなければ、到底生じ得なかったであろう。

敗戦直後、憲法改正を審議する国会で、憲法担当国務大臣であった金森徳次郎は、日本人にとっての天皇を、いみじくも「憧れの中心」と定義した。そして、豊かさの光を眩《まばゆ》く放つアメリカン・ウェイ・オブ・ライフを中心とするアメリカニズムもまた、戦後社会において「憧れの中心」となってゆく。

▼「近代化の旗手」としての天皇

この側面を考察の中心に据えているのが、社会学者の吉見俊哉による議論である。彼の著書『親米と反米――戦後日本の政治的無意識』（二〇〇七年）に従えば、次のように考えうる。[10]

すなわち、「天皇制は古いものであり、純日本的なものである」という広く流通している社会通念に反し、モダニズムそのものであるアメリカの存在が、天皇制にとって根本的な構成要素として機能している。

戦前も含めて、近現代の日本社会にとって「近代化」は常に至上命題であり、その際の「近代性」のイメージの参照先として、大衆文化を中心にアメリカが有力な役割を果たしてきた。その傾向は、とりわけ戦後において飛躍的に強まる。

そして、「近代化の旗手」の役割は、近代の天皇もまた果たしてきたものにほかならない。明治期において最初に洋装をした日本人のひとりが天皇その人であったことに典型的に見て取れるように、天皇は「近代的君主」として「近代人となった日本人」のイメージを自ら率先して体現し、振りまく役割を負わされた。

戦後の象徴天皇制の時代になると、天皇から軍事的政治的な側面が剥奪されることで「君主」のイメージは希薄化され、「古き良き伝統の守り手」のイメージが一層強調されるようになるが、それでも天皇や皇族が「近代化の旗手」としての役目から降ろされたわけではなかった。

おそらくは、戦後の天皇あるいは皇族のこの役割が最も力強く機能したのは、一九五九年の皇太子（今上天皇）の成婚に伴って起きた「ミッチー・ブーム」においてであっただろう。将来の天皇が平民出身の女性と恋愛結婚を果たすというストーリーに大衆は熱狂したのだったが、その時人々は、新しい夫婦に戦後の民主主義社会にあるべき現代的（非封建的）家庭像を見出そうとし、また同時に美智子妃のファッションが大流行するなど、一大メディア・イベントとして成婚は消費された。「ご成婚パレード」の実況中継を観るためにテレビが飛ぶように売れ、普及率が一挙に高まったことも含めて、それはまことに消費社会的な出来事だったのである。そしてもちろん、当時の日本人にとって、世界で最も豊かな、最も進んだ消費社会を持つ国とは、アメリカであった。

▼置き換え可能な天皇とアメリカ

以上を踏まえれば、「近代化の旗手としての天皇」と「アメリカ的なるもの」との間には、一種の交換可能性、代替可能性を想定できることがわかる。

戦後に書かれた諸々の天皇制論――天皇制に対して肯定的なものであれ否定的なものであれ――を参照しながら、筆者はしばしば飽き足らなさを感じてきた。その理由は、ほとんどの論者が、戦後の天皇制を考える上で、「天皇とアメリカ」という問題設定を視野の外に置いていることにある。

しかし、述べてきたように、「戦後の国体」を考えるためには、政治史的事実の次元においても、国民生活の精神史的事実の次元においても、アメリカ（的なるもの）の存在を参照することは不可欠である。

▼本書の記述の方法

これで本書が試みる歴史把握のための準備は整った。次章から、具体的歴史過程について論じてゆく。

なお、本書では、あえて直線的な順序で歴史を記述しない。それは、国体の形成・発展・崩壊の二つ（戦前・戦後）のサイクルの並行性を明らかにするためである。ゆえに、次の第三章で「近代前半における国体の形成」を論じた後、第四章から第六章までを用いて、「近代後半における国体の形成」を論じる。第七章では、「戦前の国体」が相対的安定を得た段階から崩壊へと向かう過程を記述し、第八章では、「戦後の国体」が同じく相対的安定から崩壊へと向かう過程を記述する。

第三章　近代国家の建設と国体の誕生

（戦前レジーム：形成期）

1　明治維新と国体の形成

▼若き北一輝の嘆き

本章では、「戦前の国体」が形成された時期、すなわち「戦前レジーム」の確立過程にスポットをあてる。具体的には、明治維新（一八六八年）に始まり、大日本帝国憲法の制定（一八八九年発布、翌年施行）を経て、おおよそ日露戦争（一九〇四〜〇五年）から大逆事件（一九一〇年）および明治の終焉（一九一二年）頃までの時代を「戦前の国体」が形成・確立された時期とみなすことができる。

この時期に基本的な形が定まった「国体」とは何であったのか。若き北一輝が『国体論及び純正社会主義』に次の言葉を書きつけたのは、一九〇六（明治三九）年のことであった。

此の日本と名けられたる国土に於て社会主義が唱導せらるるに当りては特別に解釈

せざるべからざる奇怪の或者が残る。即ち所謂「国体論」と称せらるる所のものにして、——社会主義は国体に抵触するや否や——と云ふ恐るべき問題なり。是《こ》れ敢て社会主義のみに限らず、如何なる新思想の入り来る時にも必ず常に審問さるる所にして、此の「国体論」と云ふ羅馬《ローマ》法王の諱忌《きき》に触るることは即ち其の思想が絞殺さるる宣告なり。政論家も是れあるが為めに其の自由なる舌を縛せられて専政治下の奴隷農奴の如く、是れあるが為めに新聞記者は醜怪極まる便佞《べんねい》阿諛《あゆ》の幇間《ほうかん》的文字を羅列して恥ぢず。是れあるが為めに大学教授より小学教師に至るまで凡ての倫理学説と道徳論とを毀傷汚辱し、是れあるが為めに基督教も仏教も各々堕落して偶像教となり以て交々《こもごも》他を国体に危険なりとして誹謗し排撃す。[1]

これは、まさしく鬼才にふさわしい透徹した認識であったと言えよう。議会から小学校に至るまで、公的な場面で口を開くあらゆる機会において、当時の日本人は、自らの言説が「国体に抵触するや否や」を自問せねばならなかった。つまり、「国体」の観念は、明治維新から敗戦に至る時代において、日本の思想空間にとっても、生活空間にとっても、絶対的な限界をなしたのであった。

あれほど熱心に近代化を推し進め、近代化の推進力として西洋のあらゆる文明・思想・宗教等々を導入することに熱心だった社会は、受け入れに際してたったひとつの、しかしきわめて重大な留保を伴っていた。

それが、「国体に抵触しない限りにおいて」という留保である。

しかも厄介なことには、「国体」とは何であるのか、論者によって見解は一定せず、最大公約数的な定義をするならば、それはたかだか「天皇を中心とする政治秩序」というような抽象的な事柄を意味するにすぎない。にもかかわらず、それは曖昧なままに、否むしろ、その曖昧さを利点として「思想を絞殺」した。北は、この言葉を記してから約三〇年後に、民間右翼活動家として「国体」の持つ魔力を国家改造のために最大限に活用しようとした結果、自らが「絞殺」されたのである（二・二六事件）。

しかし、明治政府の成立と同時に、このような魔力が発生したわけではない。それは、いくつかの契機を経てそのような怪物にまで成り上がることとなるが、本章で扱う「国体」の形成期は、その基礎が構築された時期に当たる。逆に言えば、基礎が構築されるまでは、後に「国体」と呼ばれる何かは、この時期には確たる存在とはなっていなかったことを意味する。

明治維新によって成立した近代日本国家は、それがどのようなものとなるか、さまざまなありうべき方向性を潜在的に孕んでいたが、結局のところ、ひとつの可能性が選択され、敗戦まで続く「戦前レジーム」を形づくってゆくこととなる。

そのレジームに与えられた名前が、おそらくは「国体」なのである。

▼近代的国家権力の成立──「暴力の独占」が完成するまで

具体的過程を見てみよう。戊辰《ぼしん》戦争（一八六八〜六九年）を経て成立した明治政府にとって、イロハのイとなる課題は「暴力の独占」を実現することであった。

戊辰戦争の意義は、倒幕勢力が徳川幕府とその同盟者たちを武力で圧倒して、徳川家に代わる新しい中央権力を樹立しただけでなく、その後の版籍奉還・廃藩置県・地租改正等によって、封建社会において分散していた権力とその担保たる暴力、そしてそれを支える資金＝租税を中央権力の許《もと》に一元化してゆくプロセスを開始したことにあった。

マックス・ウェーバーの有力な定義によれば、「国家とは、ある一定の領域の内部で──この『領域』という点が特徴なのだが──正当な物理的暴力行使の独占を（実効的に）要求する人間共同体[2]」であり、このような「暴力の独占」が近代国家に特有の現象であることに、ウェーバーは注意を促している。すなわち、封建社会における、自律的に暴力を行使する権能を持った主体が複数存在した状態を解消し、中央政府の許に「正当な暴力行使」の権能を集中させることが、新政府にとって何物にも優越する最初の課題であった。なぜなら、それが近代的国家主権の成立のために不可欠なことだからである。

しかし、そのプロセスは戊辰戦争のみで終結したのではない。新政府は、廃藩置県によって旧来の「正当な暴力行使の主体となる組織」としての藩を廃止し、廃刀令と秩禄《ちつろく》処分によって「正当な暴力行使の主体を担う人間」の属した身分（＝武士階級）を廃止したが、それに対する反発は度重なる士族反乱として現れた。

新政府は、国民皆兵の理念に基づく徴兵制を敷くことによって近代国家の許で新しく組織された暴力によって士族反乱に対抗し、勝利する。一八七七年の最後にして最大の士族反乱たる西南戦争をもって、「暴力の独占」は完成したと見ることができる。

▼憲法制定権力としての自由民権運動

かくして、物理的暴力によって新政府に対抗する途を閉ざされた抵抗勢力は、言論闘争を軸とした闘争（自由民権運動）へと転換を余儀なくされる。

ただし、自由民権運動は、フランスやイギリスの民権思想に基づく、純粋な言論闘争ではなかった。民権の要求に応えるかたちで、明治政府は一八八一年に一〇年後の国会開設と憲法制定を約束するが、自由党急進派は数々の「激化事件」を引き起こす。言論闘争の場が公式に与えられることが予定されているにもかかわらず、自由民権運動が穏健化するどころか逆に過激化したのはなぜだったのか。

それは、自由民権運動がすでに確立された制度の内部で国民の権利を拡張しようとする運動ではなく、制度そのものを確立する主体たろうとする運動であったからだった。政府によって与えられた舞台としての国会で民衆の意見を主張するのではなく、民衆が自らの意見を主張し、法を制定する舞台を自らの主導でつくり出すことを、それは目指していた。一八八〇年に結成され、後の自由党の母体となる国会期成同盟は、歴史学者、松沢裕作によれば次のような考えを持っていた。

国会期成同盟は、単に政府に国会の開設を働きかける運動体ではない。国民の権利として、国会は当然開設されなくてはならない。国会の開設を主導するのは政府ではなく、その権利を主張している国民である。だから、仮に政府が国会開設を決めたとしても、その具体的な方法については、国民を代表して国会開設を主張している国会期成同盟が意見を述べなくてはならない。[3]

民権を高らかに謳《うた》う数々の「私擬憲法」がつくられるのも国会期成同盟の結成を契機としてであるが、それらが物語るのは、この時期には革命がある意味でまだ続いていたということである。

なぜなら、西南戦争によって、革命による暴力の独占のプロセスこそ一応の終わりを迎えたものの、自由民権運動が打ち立てようとしたのは、政治学・法学で言うところの「憲法制定権力」(制憲権力)にほかならないからである。憲法は権力運用の規則であり、権力への制約である。したがって、その憲法を生み出す力である制憲権力は、無制約の権力(＝革命権力)であり、主権そのものである。

この時、自由民権運動としてそれを担おうとしたのは、革命の暴力的プロセスに参加したにもかかわらずその後の過程で権力運用から排除された人々(板垣退助に代表される不平士族)のほかに、発言権を要求する豪農層、地租改正によって重い税負担を課せられた貧農層など多様な社会的階層であったが、それらの人々は四民平等が宣言された近代国家におけるまさに主権者たることを要求したのであった。

▼革命プロセスの終焉

一八八九年から九〇年にかけての大日本帝国憲法の発布と帝国議会の開設は、こうした革命プロセスに終止符を打つものとして現れている。

つまり、自らが制憲権力たろうとする勢力を、新政府の側が準備した政治闘争のアリーナのなかに迎え入れることによって、その勢力から制憲権力的性格を奪い去る試みであった。反政府勢力は、議会政党という公的な資格を与えられながら、同時に、国家の定めた法と制度の枠組み内に回収されるに至った。

同じく、「戦前の国体」を法制度的に確立した大日本帝国憲法の成立は、明治維新直後の多様な可能性を孕んだ混沌期が一定の安定へと移行したと同時に、明治レジームに含まれていた潜在的な可能性が除去され、ひとつの必然的な在り方へと収斂したことを意味していた。

▼憲法・議会に随伴した教育勅語

ここで注目すべきは、憲法および議会をセットとして、一八九〇年に教育勅語が発布されたことである。

後代から見て、大日本帝国憲法が近代国家の憲法として不十分なものと映るとしても、それでもそれは国家権力への制約と国民への権利付与を画するものであった。同様に、帝国議会が限られた権限しか持たず、制限選挙により有権者は人口のわずか一%強にすぎなかったにせよ、それでも国民の要求に声が与えられる国家公認の場が成立したことを意味した。

天皇の名において出された教育勅語は、このような文脈において、封建時代を生きてきた国民にとって馴染み深い儒教的な通俗道徳を援用することで、権利主張と要求に対してタガをはめるものとして企図された。明治レジームの運営者たちにとって、国民の権利主張と要求は、日本が近代国家を名乗る以上公認されるべきものであったが、まさにそれは「国体に抵触しない限りにおいて」公認されるものでなければならず、そのような制約を国民が自発的に内面化するよう導くための装置として、教育勅語は導入された。

明治21（1888）年の肖像

明治6（1873）年の写真

▼二枚の御真影《ごしんえい》

国民大衆への天皇制の浸透という点では、この時期にあの有名な「御真影」が製作され、流通（下賜）し始めたことも特筆に値する。

この明治二一（一八八八）年の天皇の肖像は、イタリアから招かれたお雇い外国人のエドアルド・キョッソーネが描いた絵を写真に撮影したものであったが、それは堂々たる帝王のイメージを印象づけるものであった。

美学者の多木浩二《たきこうじ》は、明治六（一八七三）年に撮影された明治天皇の写真と比較分析しつつ、次のように述べている。

内田九一の写真［引用者註：明治六年の

写真〕では天皇はごく個別的存在であるのにたいして、明治二十一年の天皇の肖像は、ほとんど個人的存在は感じさせない。それは天皇の明治二十一年のある日の面影をとらえたものではなかった。その精緻な写実性にもかかわらず、ゆれ動く存在の一瞬ではなく、存在が示すあらゆる変化のかなたに、それを超えて構成された概念的、抽象的（中略）〝身体〟が、画面を構成する手法によって図像化されたのである。（中略）その容貌は理想化され、超人格的であり、明らかに社会的政治的な環境において人びとに受け取られる、権勢のイメージとして、作為されているのを感じないわけにはいかない。[4]

明治二一年の肖像には、歴史家エルンスト・カントロヴィチの言う「王の二つの身体」が現れていると多木は見ている。君主は、生まれ成長し、やがては滅びゆく「自然的身体」を持つと同時に、「政治的身体」、すなわち自然からの影響を受けない「抽象的身体」を持ち、前者は後者を体現する。

この肖像は生身の天皇（自然的身体）を素材として描かれている一方で、その「素材」から生み出されたのは、生身の存在が示すあらゆる変化を超えて構成された「概念的、抽象的身体」、不変の身体（政治的身体）であり、かかる「抽象的身体」とは、未来にわたっては永久に存在し続け、過去にわたっては能《あた》う限り古い起源を持つとされるべきもの、つまり日本そのものである。

一般に近代国民国家は、それが機能するためには、その構成員にとって、自然なものとしてそこにあり、したがって未来永劫存続するのが当然なものと観念されなければならないが、そのような観念を国民に受容させる装置をこの時期の日本が十全なかたちで獲得しつつあったことを、御真影は示している。

かくして、一方では憲法と議会によって立憲政体の体裁を構築しつつ、他方では、国民の内面を「天皇の国民」としての規範の統制に服せしめる試みが同時に行なわれた。国家の制度と国民の内面という両面の整備において、明治レジームは不安定期を脱して確立された。言い換えれば、ここにおいて、明治維新から二十年余りを経て、近代前半の「国体」は一応の確立を見たのである。

▼内村鑑三不敬事件――市民社会が求めた「国体」とその歪み

しかしそれでもなお、というよりも早くも、「国体」は新しい衝突を経験せざるを得なかった。

教育勅語発布の翌一八九一年に、内村鑑三不敬事件が発生する。それは、確立された「国体」と「反国体」の原理（この場合、キリスト教）が衝突した最初の事件だった。

大日本帝国憲法第二八条は、「日本臣民ハ安寧秩序ヲ妨ケス及臣民タルノ義務ニ背カサル限ニ於テ信教ノ自由ヲ有ス」として、「信仰の自由」を留保つきながら国民の権利として認め、また教育勅語の制定過程からも見て取れることだが、藩閥政府の首脳は、政府は宗教的に中立であるべきだと考えていた。

当時第一高等中学校教員であった内村鑑三が勅語の天皇の署名に対して最敬礼しなかったという、それ自体ではささいな出来事が事件化されるに際して、大きな役割を果たしたのは御用学者とマスコミであった。言うなれば、市民社会からの自発的な動きが、後の「国体」を大義名分とした激しい思想弾圧・内面支配を予感させる事態を生ぜしめたのである。

しばしば指摘されるように、国家神道として制度化される国体信仰は、公式には国家宗教の形態をとらないまま、実質的にはあらゆる宗教を超越したメタ信仰として機能し、日本人の内面を規制した。しかもそれは、国家による強制のみならず国民の自発的な服従によっても実現したという状況の原型を、この事件は与えている。

2　明治憲法の二面性

▼「国体」概念の内実――「国体と政体」の二元論

右の通り、駆け足で明治時代における国体の形成を見てきた。本章で論及されるべき、この時代に明確化された国体概念の特徴が幾つかあるが、本書ではふたつの点に着目する。第一には、国体概念の原型と言うべき、「国体と政体」の二元論である。それは、国体概念の起源を見ることによって浮かび上がる。

つとに指摘されるように、「国体」の用語に重大な意味づけがなされる近代の文献の嚆矢《こうし》は、水戸学の思想家、会沢正志斎《あいざわせいしさい》の『新論』（一八二五年）であった。『新論』は、鎖国を破るべく列強の外国船が日本近辺に現れつつあったという状況において書かれ、そこで高唱された尊皇攘夷《じょうい》思想は、維新の運動に強い影響を及ぼすことになる。

この頃から、対外的危機感の高まりのなかで「国体」という語は多数の文献に現れるようになるが、当初は論者によってまちまちで一定しなかった国体の意味内容は、やがて近代日本の公式イデオロギーとなる国体概念、すなわち、「神に由来する天皇家という王朝が、ただの一度も交代することなく一貫して統治しているという他に類を見ない日本国の在り方」という観念へと定まってくる。

しかし、この国体概念は、それを現実の歴史に投射しようとすると、たちまち自己矛盾に陥る。なぜなら、実証的な裏づけが困難な古代を別にすると、天皇自らが実効的に政治的支配者として君臨した時代は短く、むしろ例外的ですらあったからだ。

ゆえに、国体論は、「国体と政体の区別」という観念を即座に持ち込まざるを得ない。すなわち、時代によって支配統治の政治的形態（政体）は変化するが、政治の次元を超越した権威者として天皇は常に変わらず君臨してきた（国体）という秩序観である。言葉を換えれば、実質的「権力」（政体）と精神的「権威」（国体）が分かれてある、ということだ。この考え方は、近代の国体の最大の危機（＝敗戦と占領支配・属国化）において、やがて巨大な役割を果たすこととなる。

しかし、幕末期の国体論の発信源となった平田派国学は、そもそもは祭政一致論を主張していた。この考え方は、明治政府の公式イデオロギーとして採用され、一八六九年の太政官制においては神祇官《じんぎかん》が行政機関の筆頭に位置づけられた。言い換えれば、国体論をストレートに実現することが試みられた。
だが、こうした動きは廃仏毀釈運動の激化をもたらしはしたものの、結局のところ神権政治的理念は近代国家の建設・制度整備と相容《あいい》れず、紆余曲折を経て祭政一致国家の試みは挫折する。その意義について、宗教学者・島薗進は次のように述べている。

こうした経過は、「神道国教化」政策が撤回、ないし修正されていった過程と理解されている。だが、「神道国教化」の「撤回」ということが何を意味するか、必ずしも明確ではない。というのは、その後も神道はある種の国教的地位を保持し、次第に高めていったとも言えるからである。確かに「政教分離」へ向かっていく内実も含まれていた。しかし、「祭政一致」の理念もまた堅持されたのだ。[6]

「政教分離」と「祭政一致」の両方向が同時に存在した、という事態を島薗は指摘している。先に触れたように、大日本帝国憲法は「日本臣民ハ安寧秩序ヲ妨ケス及臣民タルノ義務ニ背カサル限ニ於テ信教ノ自由ヲ有ス」と定め、「信教の自由」を認めた（政教分離）。

しかし、そこに付けられた重大な留保、「安寧秩序ヲ妨ケス及臣民タルノ義務ニ背カサル限ニ於テ」の意味するところは、後に肥大化してゆくこととなる。「臣民タルノ義務」のなかに、国体という神権政治的理念への支持、もっと言えば、国体への宗教めいた信仰が、明白に含まれるようになり、かつそれは具体的には、道理も戦略もない戦争の遂行を支持し、積極的に協力する義務を意味することとなる。ここにおいて、政教分離が本来保障すべき「信教の自由」「内面の自由」は完全に没却され、政治的権力（軍部）と精神的権威（天皇）は一致させられた。

▼明治憲法の二面性——天皇は神聖皇帝か、立憲君主か

そのように歴史を展開させた要因は、明治憲法そのものにも含まれていた。ゆえに第二に、戦前レジームの基礎的構造が固まったことを示した明治憲法において、国体の性格がどう現れたのかを見ておくべきだろう。

明治憲法の最大の問題は、それが孕んだ二面性であった。すなわち、この憲法による天皇の位置づけは、絶対的権力を握る神聖皇帝的なものであったのか、立憲君主制的なそれであったのか、という問題である。

敗戦後に、占領軍当局は前者であると判断し、憲法の全面的な改正を要求したが、この判断には矛盾が含まれている。なぜなら、そうであるとすれば、昭和天皇の戦争責任がなぜ免ぜられうるのか、説明がつかないからである。

他方、憲法改正を要求された当時の日本のエリート層は、困惑し、最小限の変更でその場を切り抜けようとした。そこに彼らの自己保身の動機があったことは否定できないが、同時に彼らの当惑も理由なきものではなかった。なぜなら、大正デモクラシーの時代の記憶を持つ彼らにとって、明治憲法は民主主義的に運用されうる立憲君主制を定めたものと認識されていたからである。とはいえ、昭和の神懸かり的なファシズム体制が、明治憲法を基礎とする法秩序を舞台にしてつくり出されたこともまた、確かであった。

こうした認識の齟齬が生じる両義性は、明治憲法それ自体に含まれていた。戦後に、鶴見俊輔と久野収《くのおさむ》は、明治憲法レジームは、エリート向けには立憲君主制として現れ、大衆向けには神権政治体制として現れたのであり、前者は明治憲法の密教的側面、後者は顕教的側面としてそれぞれ機能した、と論じた。[7] そして、昭和の軍国主義ファシズム体制の出現とは、神権政治体制の側面が立憲君主制の側面を呑《の》み込んでしまった事態であった。

▼権力の制約

そのような帰結を生んだ二面性の構造は、明治憲法をつくった人々においても、必ずしも明瞭に整理されていなかった。この二面性は、条文レベルでは次のように現れている。

第一条　大日本帝国ハ万世一系ノ天皇之ヲ統治ス
第四条　天皇ハ国ノ元首ニシテ統治権ヲ総攬シ此ノ憲法ノ条規ニ依リ之ヲ行フ

第一条は、いわゆる「万世一系」の神権政治的理念に関わっている一方で、第四条は立憲君主制の理念に関わっている。明治憲法がその成立過程において、英国型立憲君主制ではなくプロシア型の立憲君主制に範をとる方針へと舵が切られ、君主への権力集中が著しいものとなったことがしばしば指摘されてきたが、それでも、いやしくも憲法が憲法である限り、それは「権力への制約」の要素を含んでいる。君主専制の政体をつくりたいのならば、そもそも憲法は必要がないからである。

この観点から見た時、第四条の「此ノ憲法ノ条規ニ依リ」「統治権ヲ総攬」するという部分は、明治憲法における立憲主義的要素の核心部分を成している。明治憲法発布の立役者であった伊藤博文は、次のようにこの部分を解説している。

憲法を親裁して以て君民倶に守るの大典とし、其の条規に遵由して愆《あやま》らず遺《わす》れざるの盛意《せいい》を明かにしたまふは、即ち、自ら天職を重んじて世運と倶に永遠の規模を大成する者なり。蓋し統治権を総攬するは主権の体なり。憲法の条規に依り之を行ふは主権の用なり。体有りて用無ければ之を専制に失ふ。用有りて体無ければ之を散慢に失ふ。[8]［傍点引用者］

つまり、ここで伊藤は、憲法に基づく政治は「専制」の反対物であるとはっきりと述べており、憲法が君主をも拘束するものであることを強調している。

さらに、「統治権の総攬」という概念は、素人目には「天皇自らが絶対的統治権を行使する」ことを指すかのように映るが、法学的常識によれば、その意味するところは正反対である。すなわち、「統治する」のではなく「統治権を総攬する」が含意するのは、統治する行為を具体的な次元で決定し担うのは天皇の輔弼者《ほひつしゃ》であり、元首たる天皇はこれを裁可するという形式的な行為をするにすぎない、ということだ。

このような天皇の位置づけは、第三条「天皇ハ神聖ニシテ侵スヘカラス」と密接に関係している。この条文は、これまた明治憲法レジームの神権政治的性格を裏づける条文であるかのように見える。しかしこれも、立憲君主制における君主無答責を意味しており、ヨーロッパの立憲君主国の憲法を参照して採り入れられたものであった。君主無答責とは、国家が誤ったことを行なっても、国王が責任を問われる（罰せられる）ことはなく、大臣（輔弼者）が責任を負うことを意味する。なぜなら、立憲君主制国家において、国王の権力は形式的なものであり、政策を具体的に立案し実行するのは、大臣であるからだ。権限がない者には責任もない、という論理である。

▼権力の正統性の源泉としての天皇

しかし現実には、明治憲法レジームの全歴史を通じて、天皇の意思は単なる形式的なものとして機能したわけではなかった。

たとえば、伊藤博文は明治憲法の起草者のうちでも立憲主義的憲法観を持ち、藩閥政治からの脱却を目指して山県有朋《やまがたありとも》と対立したこともあったが、その伊藤でさえ、第四次内閣を率いていた当時の第一五回帝国議会（一九〇〇～〇一年）で、増税に強硬に反対する貴族院を屈服させるために、勅語を用いた。

これに対して「憲法違反ではないのか」という批判が衆議院で起こるが、この批判に対して、政友会の星亨は、こう反論した。すなわち、「天皇の『大権の中に於て憲法は成立』しているのだから、『憲法を以て陛下の口を噤《つぐ》み陛下が為さる、ことを妨たげたものではない』と主張し[9]」、こうした反論が実質的に通ってしまうのである。

その後の明治期の帝国議会では、計一〇回もの明治天皇の「御沙汰書」「勅語」が出されている。伊藤や星に、「統帥権の独立」を錦の御旗《みはた》として掲げ、軍事拡大に反対する勢力を根こそぎ叩き潰した後代の軍人たちの先達の姿を見て取ることは、難しくない。

かくして、昭和ファシズム期においては、明治憲法の立憲主義的解釈は主流の地位を失ったどころか、禁止されるに至った（一九三五年の天皇機関説事件ならびに国体明徴声明）。そしてその果てには、ポツダム宣言の受諾という政治的にこの上なく重要な決断を天皇自らが下さねばならない事態を出現させることとなる（「御聖断」）。

明治憲法の実質的制定者（伊藤博文）の意図に反するはずのこうした事態は、しかし、この憲法を中核とするレジーム（国体）のうちに存した要素によって招かれたものであっただろう。「憲法とは権力への制約である」という基本命題を、このレジームは国民大衆に対してひた隠しにしただけでなく、レジームの運用者たるパワー・エリートたちがこの点を曖昧にする（あるいは無理解である）ことによって政争を闘ったのである。

憲法が欽定《きんてい》であったこと、つまり制憲権力を天皇が独占しているという建前で憲法が発布されたこと、そしてそれと軌を一にするかたちで、憲法は天皇の国民に対する約束や誓いというかたちではなく、「天皇が『皇祖皇宗ノ神霊』に許可を求め、続いて国民のほうに向き直って憲法を賦与《ふよ》する形式をとった[10]」こと――これらはすべて、権力の正統性の源泉は、天皇にのみあって、国民には存在しないことを物語っていた。

そこでは、国家の体現者たる天皇を「監視し」「国民の意思によって制約する」など、あまりに「畏れ多く」、問題にならない。ゆえに民主制に不可欠な、国民の意思や批判的視線が国家権力を監視し制約するという発想は、「君側の奸」が不当に天皇の意思を操っている、あるいは天皇の徳政を邪魔している、という推断のかたちをとるほかなくなる。

そして、このレジームにおいて、正統性の構造に天皇の上位者があるとすれば、それは「皇祖皇宗」以外にはあり得ない。このようにして、天皇を中核とする国家権力そのものへの宗教的崇拝を必然化する要因が、可能性としては立憲主義の基礎となりうるはずの憲法自体に孕まれていた。

　事情は、教育勅語に似ていると言えるかもしれない。今日でも「教育勅語には現在でも尊重されるべき教訓が書かれている」として、擁護し復権させようとする動きがあるが、問題は、勅語の内容――「親孝行しろ」とか「友を信頼しろ」とか――ではなく、その形式、すなわち国家元首が国民の守るべき徳目を直接命じているという点にある。国家元首への盲目的崇拝に基づく道徳など、道徳の名に値しない。これと同様に、憲法の内容（立憲主義＝権力の制約）を憲法の形式（欽定憲法・神権政治＝無制約の権力）が裏切っているのである。

3　明治の終焉

▼「坂の上の雲」の先の光景

　立憲政体としての体裁をともにもかくにも整えた大日本帝国は、日清・日露戦争の勝利によって本格的な帝国主義国家の地位を獲得するに至る。一九一一年には、幕末以来の悲願であった不平等条約の改正も完了する。それは、幕末期の「独立の危機」に始まり、維新という実質的な革命を経て、「一等国として立つ」という「坂の上の雲」を追ってきた明治の国家体制のひとつの到達点であった。

「皇国の威光」がこのようなかたちで確立される一方で、「国体」から逸脱するものは、この間、社会主義・無政府主義として新たなかたちを取った。

一九〇〇年前後から労働運動が勃興し始め、一九〇一年には社会民主党が結成されるが、政府は即座にこれを禁止する。こうした運動を領導した社会主義者・無政府主義者たちの多くが、キリスト教からの影響を受けていたが、確立された国体と最初に衝突したのがキリスト者の内村鑑三であったことは示唆的である。

やがて社会主義者・無政府主義者たちは、「国体の敵」として認定されるに至り、それが一九一〇年の大逆事件の発生をもたらす。明治天皇の暗殺を計画したとして、幸徳秋水を筆頭とする二六名が逮捕・起訴され、非公開の暗黒裁判によって二四名に死刑判決が下されたが、現在では、幸徳をふくむ二十数名は無実であったとされる。このフレーム・アップ（捏造）による大弾圧事件は、夏目漱石、森鷗外、徳冨蘆花、石川啄木、永井荷風といった知識人に深刻な衝撃を与えた。それは、外面的には植民地帝国となり、「一等国」

となった近代日本が、何か途轍もない歪みを内に抱えているのではないか、という懐疑をもたらした。

▼転換期の必然性

日露戦争終結から大逆事件に至る時期は、近代前半の第一期と第二期とを画するものと呼ぶにふさわしいと思われる。

第一には、「戦前の国体」の形成初期において、国体への最も有力な対抗者であった自由民権運動が完全に退潮した後の本格的な「国体の敵」として、社会主義・無政府主義が名指されたという意味で、大逆事件はエポック・メーキングであった。

もともとは藩閥政府と制憲権力を争っていた自由党が、紆余曲折を経ながら帝国議会において体制内化され、一九〇〇年には伊藤博文を首領とする立憲政友会へと合流した際に、これを激しく糾弾したのは幸徳秋水であった（「自由党を祭る文」）。幸徳自身にそうした自覚があったかどうかにかかわらず、政府は幸徳にかつての制憲権力を目指した自由民権運動の正統後継者——すなわち、国体の不倶戴天《ふぐたいてん》の敵——を見出し、これを討ったのである。

さらには、ここにおいて見出された敵（社会主義・無政府主義、後には共産主義）は、それから三つの時代――「戦前レジーム」の相対的安定期・崩壊期と「戦後レジーム」の形成期――において一貫して「国体の敵」であると名指されることとなり、とりわけ「戦前レジーム」の崩壊期においては、共産主義の側も国体との正面対決へと踏み込むこととなる。しかし第二に、大逆事件の発生にもかかわらず、時代は大正デモクラシーの時代へと転換する。

明治の末には大正デモクラシーの風がすでに吹き始めていた。大逆事件を生き延びた社会主義者・無政府主義者たちは、一時「冬の時代」を経験するものの、労働運動の本格的な始まりと一九一七年のロシア革命にも後押しされるかたちで思想・運動両面で昂揚期を迎える。

一九一一年には青鞜社《せいとうしゃ》が結成され、女性解放運動の画期となることにも見て取れるように、維新以来の近代化による国家の独立の維持という大目標において一定の成果が上がった時、それまで自己主張の手段を持たなかった社会的諸集団が続々と声を上げ始めるという趨勢を、止める術《すべ》はなかった。何と言っても、国民大衆は、この目標の達成のために究極の犠牲、血の犠牲を払い（日清・日露戦争）、重税にも耐えてきたのである。犠牲を払う義務の一方での無権利という状態を背景とした怒りは、一九〇五年のポーツマス条約締結をきっかけとした日比谷焼き打ち事件においてすでに爆発していた。

▼乃木将軍の死

そうしたなかで、明治天皇が一九一二年に没する。明治天皇の死は、それ自体ひとつの時代の終わりを印した出来事ではあっただろうが、それ以上の巨大な衝撃力を持った象徴的な出来事は乃木希典《まれすけ》と夫人静子の殉死であった。この事件は、全国民的な関心を呼び、その解釈・評価をめぐって知識人のあいだでの論争を生じさせた。夏目漱石や森鷗外が、老将軍のあまりに大時代的な行為を、明治日本の栄光と悲劇を体現するものとして深刻に受け止めたことは、今日でもしばしば言及される。

乃木の死の動機が奈辺にあったかは、さまざまに論じられてきた。遺書に言う「西南戦争で軍旗を敵に奪われたこと」はいささか説得力に欠けるように感じられる。この「軍旗喪失説」に較《くら》べると、日露戦争において指揮官として自らの二人の息子を含む多数の兵を旅順攻囲戦で戦死させたことによる苦悩と自責の念が最大の動機であったという説は、もっともらしく聞こえる。実際乃木は、日露戦争後すぐに死のうとしたが、明治天皇から思いとどまるよう諭された。「死は易く生は難し今は卿の死すべきの秋《とき》に非ず卿若《も》し強ひて死せんと欲するならば宜しく朕が世を去りたる後に於てせよ」[11]と言われ、その言葉に文字通り従ったと解釈可能だからである。

だが、そもそもなぜ、乃木において天皇への忠誠が度外れたかたちで絶対化されたのか。封建社会の君主への忠誠がその対象を移し替えただけであったのか。仮にそうであったとすれば、乃木は完全な前近代人にすぎず、殉死が漱石や鷗外といった当代きっての知性に強い感動を喚起することはなかったはずである。

文学研究者の佐々木英昭は、日露戦争よりも西南戦争よりも先に乃木が経験した悲劇とその影響を分析している。その悲劇とは、官軍の軍人となった乃木が、同郷（長州）の前原一誠の起こした萩の乱（一八七六年）で鎮定側に立つこととなり、前原と共に起《た》った弟・真人と恩師に当たる叔父・玉木正之進をはじめ、多くの近親者を「賊軍」として討つことになったことである。しかも、乱の勃発に先立って、弟は兄を前原陣営に引き入れようと幾度も説得を試みていたという。しかし、乃木はこれを斥け、深く愛した弟を死に追い遣《や》ることとなる。重要なのは、この時点で、乃木の採った選択に義がある保証はどこにもなかったことである。

弟の説得を容れて萩の側に立つ、という選択肢もありえたはずなのである。乃木がそれを採らなかったことの主な理由がどこにあったにせよ、その決断によって自分は生き弟は死んだ。この経験が心の傷とならなかったはずはない。

こうした場合、傷を抱えた人間がその後、傷を癒し心の安定を得て生きてゆくために求めずにいられないものは、あのときの自分の選択は正しいものであった、と保証してくれる正当化の論理である。つまり、あのとき自分がその側に立った天皇の軍隊が、もし不正で、守るに値しないものであったと知れたなら、その瞬間、「涙を揮って其愛弟を斬」ったこともまた無意味と化してしまう。とすれば、天皇軍の正義は、乃木にとって不動の真実でなければならない。当人がどれだけ意識したかは別として、彼における天皇絶対化の背景にはこのような論理が潜んでいる。[12]

この「論理」にこそ、明治に成立した天皇制が国民の統合作用において強い力を発揮し得た理由の核心が存在するように筆者には思われる。薩長藩閥政府が担ぎ出した天皇の権威は、新政府の中枢となった旧下級武士が自己の権力を正当化するための見え透いた方便にすぎなかったという説明がしばしばなされてきたが、仮にそうだとすれば、藩閥政府からはじき出された勢力や旧佐幕派の系譜に属する勢力に対して、その統合作用は力を及ぼすことが到底できなかったはずである。だが実際には、「戦前の国体」が安定へと向かう過程で、天皇の権威は広まりつつ高まってゆく。

萩の乱における乃木の経験は、かつての同志（乃木の場合は親族まで）と敵味方に分かれ、これを討たなければならなくなるという革命に宿命的に孕まれる悲劇的な次元に関わるものであった。幕末から西南戦争に至るまで、数多《あまた》のこうした悲劇が発生した後に、いかにしても実現されなければならなかったのは、何らかの形での「和解」にほかならなかったはずだ。天皇が担うことを期待されたのは、まさにこの和解のシンボルではなかったか。そして、革命によって流されたすべての血に対する贖《あがな》いたりうるために、「天皇の正義」は、「不動の真実」でなければならなかったのであり、現実にそうである限りにおいて、明治の天皇制は統合作用をもたらしうる。

こうした文脈から見た時、ほとんど現実離れしたとさえ言える「理想の軍人」を乃木がある時点から演じ始め、自死によってそれを演じきったことの意味が見えてくる。その演技は、「理想の忠義」を天皇へと差し向けることによって、「天皇の正義」が現実に「不動の真実」たることを不断に要求する行為であったが、その行為を乃木に命じているのは、革命に斃《たお》れた者たちであり、さらには乃木の命令によって死んでいった兵たちなのである。

▼乃木の死の不可解化の必然

しかし、乃木希典の死は、大正時代を担う世代、すなわち革命の実行世代やその直近の世代ではなく、革命がつくり上げた制度や環境のもとで育成された、言い換えればそれらを自明視し始めた世代の知識人の多くにとって、理解不能なもの、もっと言えば、唾棄すべきアナクロニズムにほかならないものとして現れた。芥川龍之介は、乃木を扱った作品、『将軍』（大正一〇年、一九二一年）において、登場人物にこう言わせている。

「無論俗人じゃなかったでしょう。至誠の人だった事も想像出来ます。ただその至誠が僕等には、どうもはっきりのみこめないのです。僕等より後《のち》の人間には、なおさら通じるとは思われません[13]」

乃木の生と死が不可解なものと化したのは、乃木の生きた時代が、革命によって国民国家が形成され、その国家が世界史（ヘーゲル的意味での）の舞台に参入するという、ある民族がおそらくはただ一度しか経験しない時代であったからだ。夏目漱石が「明治の精神」（『こころ』）と呼んだものは、この一回的経験を指している。その時代が終わる、すなわち「天皇の国民」たることを諸個人ならびに集合的アイデンティティの中核とする国家と社会が、ある程度の完成に達し相対的安定を得てしまえば、それが統合作用を果たしうる唯一無二の存在であるとは見えなくなる。

　そして後には実際、天皇が象徴すべき、革命の悲劇を浄化する「和解」は、社会に内在する敵対性を暴力的に否認する家族国家観へと変質し、「不動の真実」としての「天皇の正義」の内容は、対外膨張・帝国主義的侵略の正当化と等しくなってゆく。

　乃木の殉死に対する最も辛辣な反応は、志賀直哉が日記に書きつけた「馬鹿な奴だといふ気が、丁度下女かなにかが無考へに何かした時感ずる心持と同じやうな感じ方で感じられた」[14]というものだった。この言葉には酷薄なものすら感じられるが、それでもやはり、やがて来る、治安維持法と特高警察と間断なき戦争が国民の統合作用の事実上の主柱となってゆく時代に「乃木的なるもの」がどのように活用されることになるかを、言い当ててもいるのである。

第四章　菊と星条旗の結合——「戦後の国体」の起源

（戦後レジーム：形成期①）

1　「理解と敬愛」の神話

▼「戦後の国体」の起源──昭和天皇・マッカーサー会見

「戦前の国体」形成期（明治時代）を分析した第三章に続いて、本章から第六章までを用いて「戦後の国体」形成期（戦後レジーム第一期）を概観する。戦前と戦後、このふたつの「国体」がどのように違い、何が継続しているのかを見るためには、その形成期を比較検討することが必要であるからだ。

「戦後の国体」の原点はどこにあるだろうか。昭和天皇が一九八九年一月七日に逝去した時、報道機関はこぞって激動の昭和と天皇の生涯を振り返ることに力を費やしたが、その際に頻繁に言及され、想起されたエピソードは、一九四五年九月二七日、昭和天皇がダグラス・マッカーサーとの最初の会見の時に発したとされる有名な言葉であった。昭和天皇はこう言ったという。

「私は、国民が戦争遂行にあたって政治、軍事両面で行なったすべての決定と行動に対する全責任を負う者として、私自身をあなたの代表する諸国の裁決にゆだねるためおたずねした」[1]

この言葉の最初の出所はマッカーサー自身が執筆した『回想記』であるが、その内容には多数の誇張や記憶違いが含まれているために、この昭和天皇の発言が本当になされたのかどうかをめぐって長い論争が続けられた。

だが、「戦後の国体」を考察するために決定的に重要なのは、この発言が「あったか、なかったか」ということではない。「私は全責任を負う覚悟である」という趣旨の発言があったとして、問題は、それ自体では潔い天皇のこの発言がどのような神話を形成することになったのかというところにあり、そこに「戦後の国体」を構成する政治神学の原点が潜んでいる。

▼「会見」の神話

昭和天皇の上述の発言の後、マッカーサーの『回想記』は次のように続く。

私は大きい感動にゆすぶられた。死をともなうほどの責任、それも私の知り尽している諸事実に照らして、明らかに天皇に帰すべきではない責任を引受けようとする、この勇気に満ちた態度は、私の骨のズイまでもゆり動かした。私はその瞬間、私の前にいる天皇が、個人の資格においても日本の最上の紳士であることを感じとったのである。[2]

マッカーサーは、昭和天皇の高潔な人格を理解し感動した。そこから神話が始まる。すなわち、あたかもこの会見でマッカーサーが天皇の高潔さに感銘を受けたために、天皇の発言内容とは全く逆に、マッカーサーは昭和天皇に戦争責任がないことを一層強く確信し、天皇は訴追の対象から除外されただけでなく、天皇制の存続は認められ、退位を要求されることもなくなったかのような印象が、後年生み出されてきた。

マッカーサーが天皇の言葉に深い感動を覚えたのは事実であるかもしれない。しかし、マッカーサーがこの会見からどのような印象を受けたのかということと、なぜ免責を決定したのかということは、全く別次元の事柄である。

第一章で触れたように、戦争終結後も天皇制を存続させ、円滑な対日政策に裨益《ひえき》させようというアイディアがアメリカ国内で出て来るのは、戦争が終わるはるか前の一九四二年の時点であり、そうした構想を練っていたのは、ＣＩＡ（Central Intelligence Agency：中央情報局）の前身であるＯＳＳ（Office of Strategic Services：戦略諜報局）の関係者たちであった。

ＯＳＳでは、諜報を通じた戦争勝利の手段の追求だけでなく、戦後をも見据えた対独研究・対日研究が、その道の専門家を結集して行なわれていた。その内容の代表例を挙げれば、日本文化論として戦後広く読まれることとなる、文化人類学者ルース・ベネディクトによる『菊と刀』（一九四六年）は、ＯＳＳのためにまとめられたレポートを原型としている。

つまり、昭和天皇の戦争責任を問わないことや象徴天皇制として天皇制を存続させるという大枠の政策判断は、長い時間をかけた研究と議論の末に導かれたものであり、会見の際にマッカーサーが昭和天皇に対して好意と敬意を抱いたことによってその場で決断されたというような、即興的なものでは全くなかった。

ちなみに、『回想記』でのマッカーサーは、「昭和天皇に戦争責任はない」という会見以前に確定されていた判断の正しさが天皇との対面によって裏書されたかのような記述をしているが、この段階では、連合国の間で意見が分かれていただけでなく、米政府内で天皇免責を主張するグループと天皇訴追を主張するグループおよびアメリカ国内での世論がせめぎ合う状況にあり、不訴追は確定などしていなかったのであって、マッカーサーの記述は滅茶苦茶である。[3]

▼なぜ日本人はこの神話を手放さないのか

今日、こうした事情は史料（とりわけアメリカの）の開示と調査によって事実が解明されているにもかかわらず、昭和天皇・マッカーサー会見をめぐる神話は広く信じられている。

それは、この神話を信じたい動機が戦後の日本人にあるからだろう。その動機とは、自分たちの戴く君主が高潔な人格の持ち主であってほしいという願望だけではない。天皇の高潔さにマッカーサーが感動し、天皇に敬意を抱いた、つまりアメリカは「日本の心」を理解した、という物語を日本人は欲しているのである。

なぜならそれは、戦後の日本人が抱え込まなければならなかった屈託を見事に解消してくれるからだ。

▼変節と依存

周知のように、アメリカによる日本占領は、驚くべきスムースさをもって行なわれた。米軍は、太平洋戦争での日本軍の烈しい戦いぶりから推論して、占領軍への実力行使を含む根強い抵抗があるものと予期して警戒していたが、いざ占領が始まると、こうした抵抗は皆無であった。

その直接の理由が、天皇による日本国民に対する戦争終結宣言（玉音放送）にあったことは明らかだった。玉音放送の「若《も》シ夫《そ》レ情ノ激スル所濫《みだり》ニ事端ヲ滋クシ或ハ同胞排擠《はいせい》互ニ時局ヲ乱リ為ニ大道ヲ誤リ信義ヲ世界ニ失フカ如キハ朕最モ之《これ》ヲ戒ム」といった部分は、「戦争は終わったのだから、激情に駆られたりせず、武器を置いて日本の再建に力を尽くしなさい」というメッセージを含んでいたが、そうした具体的指示以上に、天皇自らが「戦争は終わりだ」と宣言したことそのものが、「鬼畜米英」「聖戦完遂」「一億火の玉」等々と叫んでいた人々に、突如としてあらゆる戦闘の意思を失わせた。

このことが最終的な決定打となって、マッカーサーは占領を円滑に執り行なうために天皇を免責することの必要性・有益性を完全に確信し、本国に対して天皇免責を一層強く訴えることとなる。

ひとことで言えば、途轍もない変節が生じたのである。八月一五日以前の「自分の言葉」に責任を持とうとした日本人は、きわめて稀であった。ゆえに、戦後の全期間を通じて、多くの知識人が、この変節の問題を繰り返し主題化することとなる。

だが、それはともかく、敗戦後の日本人が、現実に生きてゆくためには、「鬼畜」とまで呼んでいた敵に、抵抗するどころか依存するほかなかった。多数の同胞を殺した敵に、である。

▼ゴジラの哀しみ

こうして生ずる屈託がどれほど重いものであったかは、たとえば、一九五四年に公開された怪獣映画『ゴジラ』（第一作）に明瞭に現れている。

ようやく復興のなりつつある東京が、なぜ再び破壊されなければならないのか。それは、当時の日本人の後ろめたさ、自罰衝動ゆえであろう。

そしてなぜ、怪獣ゴジラは恐ろしいだけでなく、もの悲しいのか。ゴジラは、南太平洋で行なわれた核実験によって目覚めさせられ、放射能を帯びているとされている。そこには、核兵器への恐怖だけでなく、かの地域（激戦地）で人類の戦史上稀に見る悲惨なかたちで絶命していったおびただしい数の同胞たちの霊が投影されていたのではないのか。してみれば、ゴジラはある意味で、生き残った日本人の父や兄、弟、夫や息子たちである。彼らは、「後に続くを信ず」と言って玉砕していった。ところが、生き残った日本人は、「後に続く」ことをしないばかりか、彼らを殺したアメリカに復讐しようともせず、あまつさえ助けを恵んでもらって生きている。

そんな日本人を、ゴジラはとり殺しにやって来るのである。『ゴジラ』の物語は、若き天才科学者・芹沢《せりざわ》博士が、自分の発明した「オキシジェン・デストロイヤー」を使って自らの命と引き換えにゴジラを倒して終わるが、芹沢の最期の言葉、「幸福に暮らせよ、さようなら、さようなら」は意味深い。

芹沢は、戦争で負傷しその傷跡が痛々しく残る人物である、つまり半ば戦死者であると印しづけられているのみならず、その死に様は神風特攻隊を否応なく連想させる。ゆえに、その最期の言葉は、死んだ兵隊たち（ゴジラと芹沢）の言葉であり、生き残り、変節し、死者たちを裏切っている日本人に対する「赦《ゆる》し」を意味するものにほかならない。

こうした文脈において、マッカーサーと昭和天皇の会見をめぐるエピソードは、重大な機能を果たす。

なぜ変節が正当化されうるのか、なぜそれが裏切りにならないのか。その答えを、日本人はあの美しい物語において見つけ出すことができる。マッカーサーが、あるいはマッカーサーによって代理表象されるアメリカが、天皇に対して理解を持ち、敬愛の念を持つのならば、かつての敵が「鬼畜」呼ばわりされたことは、不幸な誤解として処理することが可能となり、死んで行った同胞たちの遺志を継いで抵抗しなければならない義務から戦後の日本人は解放される。アメリカの庇護の下、「幸福に暮らす」ことが許される。

▼司馬史観と英米協調

同時に、かつての英米派政治家・外交官（幣原《しではら》喜重郎と吉田茂に代表される）の登板によって戦後政治の主流が形成されることにより、「明治維新以来の日本外交の本筋は英米協調路線であり、第二次世界大戦の時代は狂気じみた軍人がそれを逸脱させたために、大失敗を犯した」という印象がつくられ、「不幸な誤解」という変節的心理操作は補強される。

後に人気を博する司馬遼太郎のいわゆる司馬史観は、こうした吉田茂的な外交方針の観点から見た近代日本観の文化的等価物であったと言えよう。

司馬史観を最も明瞭に体現する作品であると見られる『坂の上の雲』が新聞連載される

のは、一九六八年から七二年にかけて——すなわち、「戦後」の第一期の末頃——のことである。それはちょうど、焦土と混乱から出発し、複数の「理想」のヴィジョンが拮抗することによる激しい政治変動を経ながら、親米保守路線の勝利が最終的なものとなるに至った（その対抗者を滅亡ないし無力の状態へと追い遣った）時期と重なっていた。いまや経済大国へと歩みを進めるなかで、変節の問題は、忘却の彼方へと追い遣られてゆくこととなる。

▼「抑圧されたものの回帰」

しかし、歴史意識の彼方、無意識の奥底へと追い遣られたこの変節問題こそ、「抑圧されたものの回帰」（フロイト）として、強迫反復的に永続敗戦レジームを衝き動かしている。言い換えれば、その根源的基体としてレジームを支えつつ、同時にレジームに不合理な振る舞いをさせている動力にほかならない。

なぜなら、「天皇を理解し敬意を持ったアメリカ」——この観念に、今日奇怪と評するほかないものとなり果てた日本の対米従属の特殊性の原点があるからだ。

対米従属的な国家は世界中に無数に存在するが、「アメリカは我が国を愛してくれているから従属するのだ（だからこれは別に従属ではない）」などという観念を抱きながら従属している国・国民など、ただのひとつもあるまい。まさにここに、「我が国体の万邦無比たる所以」がある。この観念によって、現に従属しているという事実が正当化されるだけでなく、その状態が永久化される。蓋《けだ》し、国体は「天壌無窮」でなければなるまい。こうして従属支配の事実を否認し続けていれば、変節の問題から目を背け続けることができる。

しかし、諸々の政治的現実は、従属支配の暴力的次元をさらけ出させてしまう。たとえば、沖縄の米軍基地に関連して頻繁に生ずる事故・事件は、その典型である。その時に現実を正当化し、不合理な従属支配の事実を合理化する最も純粋な手段は、従属支配の現実そのものを否認することである。

愛に基づいた従属ならば、それは従属ではない。在日米軍を「思いやり」、もてなすという精神に、この衝動は最も明瞭に現れている。

2　天皇制民主主義

しているる。

そしてまた、こうした日米関係をめぐる観念が、今日露呈した戦後民主主義の限界を画している。

▼支配の否認がもたらすもの

「主を畏るるは知恵の始まり」(『旧約聖書』、箴言一章七節)。この箴言の解釈はさまざまあろうが、ひとつの解釈は、「われわれが何によって支配されているのかを知ることによってはじめて、知性が働き始める」ということだ。つまり、この箴言によれば、われわれは自分が自由であると何となく思い込んでいるが、実は全知全能の神(＝主)によって完全に支配されている。ゆえに当然、主は恐るべきものであり、主が何を望んでいるのか、われわれは理解しないわけにはいかない。したがって、「主の意志を知ろうとする」ところから知性の運動が始まる、とこの箴言は述べているわけである。

それは、逆に言えば、「主を畏るる」ことがなければ知恵は始まらない、ということを意味する。われわれが何によって支配されているか意識せず、支配されていることを否認し続けるならば、永久に知恵は始まらない。今日、日本人の政治意識・社会意識が総じてますます幼稚化していること（＝知的劣化）の根源は、ここにあるだろう。

戦前のデモクラシーの限界が明治憲法レジームによって規定された天皇制であったとすれば、戦後のデモクラシーもまたその後継者によって限界を画されている。いずれの時代にあっても、「国体」が国民の政治的主体化を阻害するのである。

被支配とは不自由にほかならず、支配の事実を自覚するところから自由を目指す探求が始まる以上、支配の事実が否認されている限り、自由を獲得したいという希求も永遠にあり得ない。つまり、日本の戦後民主主義体制とは、知性の発展と自由への欲求に対する根本的な否定の上に成り立っている。

▼占領政策の道具としての天皇

こうしたきわめて特殊な外見的民主主義体制の成り立ちを、歴史家のジョン・ダワーは「天皇制民主主義」と呼び、その発明をマッカーサーに帰している。

マッカーサーの考えでは、日本人は真の民主主義あるいは真の人民主権を実行する能力がない以上、戦後の日本に「天皇制民主主義」を発展させることが不可欠なのであった。日本人は、天皇がそうせよと命ずる場合にのみ、「民主主義」を受け入れるだろう。日本の国民性に対するこの保守的な見解のために、マッカーサーはいくつかの具体的な面で天皇の〝大恩人〟となることとなった。[4]

「大恩人」とは、マッカーサーが天皇の戦争責任について免責されるよう取り計らった人々の筆頭であったことを指している。要するに、露骨な言い方をするならば、戦後日本にアメリカにとって都合のよいように民主主義モドキの体制をつくるためには、天皇が必要だったので、天皇は無罪であるということにした、ということだ。

しかし、われわれにマッカーサーの見解の「保守性」を批判する資格があるだろうか。実際に、あまりに多くの日本人が、「天皇の命令」で唯々諾々と玉砕し、「天皇の命令」でこれまた唯々諾々と戦闘を止めた。これを見たマッカーサーは、日本への民主主義の導入は「天皇の命令」によるほかないと結論したわけである。

この「民主主義」の茶番性は、今日でもたとえば「主権者教育」――「主権者たれ」と上から号令をかける教育――において、反復されている。

▼アメリカの「愛情」の裏側

日本人が戦後の日米関係に投影したファンタジーから離れて、実際に何があったのかを見てみるならば、そこにあったのは、愛情や敬意どころか、人種的偏見と軽蔑であった。

一九四五年春にマニラで開かれた米英合同軍の心理戦担当官会議で配布された秘密資料には、次のような事柄が書かれていた。

日本人は自分自身が神だと信じており、以下に示されるような民主主義やアメリカの理想主義を知らないし、絶対に理解もできない。

（1）アメリカ独立宣言
（2）アメリカ合衆国憲法
（3）大西洋憲章
（4）他人種、他宗教を認める寛容の精神
（5）公正な裁判なくして処罰なしの原則

（6）奴隷制反対
（7）個人の尊厳
（8）人民への絶対的信頼[5]

こうしたむき出しの人種的偏見ならびにシニシズムと、アメリカの理想主義にこそ世界普遍的に理解されるべき価値が無条件にあるとする傲慢との混合物（エドワード・サイードが言うところの「オリエンタリズム」の典型）が、後のGHQが擁した民主主義改革の実行者たち全員に共有されていたとは、もちろん言えない。

しかし、GHQ内きっての日本通として知られ、天皇免責に奔走した対日心理作戦の責任者でもあったボナー・フェラーズが海軍大臣の米《よ》内光政《ないみつまさ》に対して述べたと伝えられる次の言葉は、おそらくはその発言の直接的な意図を超えて示唆に富んでいる。

私は天皇崇拝者ではない。十五年、二十年先に日本に天皇制があろうがなかろうが、また天皇個人がどうなっていようが、関心はない。

しかし連合軍の占領について天皇が最善の協力者であることは認めている。いまの、

占領が継続する間は、天皇制も存続すべきであると思う。[6]［傍点引用者］

小泉八雲に傾倒する日本通であったフェラーズにとってさえ、天皇制の存続それ自体はどうでもよい事柄であった。それは円滑な占領のために必要だったのである。

▼「天皇制民主主義」の本質――軽蔑・偏見・嫌悪の相互投射

天皇制の存続における「アメリカの真意」について、もはや議論の余地はない。それよりもわれわれが問うべきは、「いまの占領が継続する間」とは、一体何時のことを指すのか、という問いではないのか。それは、いわゆる占領期を超えて延長され今日にまで続き、そしてまさにフェラーズがここで言っているように、「天皇制も存続」――形を変えながら――してきたのである。

そして、今日の日本の戦後民主主義の腐朽に徴して、日本人にはデモクラシーの理念は根本的に理解不可能だとするヴィジョンがますます正確なものとなりつつあるように見えるという事実を、単なる歴史の皮肉であると済ませて素通りするわけにはいかない。

戦後の民主主義改革は、日米合作の実り多き、あるいは不十分な点があるにせよ崇高な理念を掲げたプロジェクトであった、という従来主流を占めてきた占領改革観は、到底維持できない。

民主主義改革プロジェクトの理想主義よりも、それが従来の天皇制、すなわち国体を否定しながら、他方である側面ではきわめて自覚的かつ積極的に国体を維持・救済しようとしたということの意味が、いまとなっては圧倒的な重要性を帯びている。彼らは、彼らの軽蔑と偏見ゆえに国体を救済し、それを敬意と愛情による行為だと装ったのであった。

しかし、われわれ日本人は、そのことを非難する資格を到底持ち得ないだろう。なぜなら、われわれもまた、「戦後日本は民主主義国として再出発した」という決まり文句によってアメリカン・デモクラシーへの敬意と愛着を装いながら、戦後民主主義を腐朽するがままに任せることによって内心でのそれへの軽蔑と嫌悪の念を満足させているからである。

こうした二重構造の心理は、事あるごとに「日米は自由民主主義を共通の価値として奉ずるがゆえに、緊密な同盟関係にある」として日米間の友情を強調しながら、民主主義改革の重要な一部として位置づけられた新憲法を「みっともない」（安倍晋三）ものとして軽蔑・嫌悪する、親米保守派の姿勢に明瞭に現れている。

してみれば、表面上の敬意と愛情と、その真の動機としての軽蔑・偏見・嫌悪を日米が相互に投射するという過程が、「天皇制民主主義」の成立過程の本質であった。そして、天皇制民主主義の成立とは、「国体護持」（変容を通過しつつも）そのものである。その具体的経過を次章では見ておかなければならない。

第五章　国体護持の政治神学

（戦後レジーム：形成期②）

1　ポツダム宣言受諾と国体護持

▼「国体護持」の実相

ポツダム宣言受諾の際、日本側が付けようとした唯一の降伏条件として「国体護持」が問題となったことはよく知られている。

一九四五年八月九日、ソ連も参戦し、二発目の原爆が長崎に投下されたことから、日本の戦争指導部はいよいよ「降伏やむなし」の情勢判断へと傾くが、同日夜に至っても閣議は結論を出せず、翌一〇日未明、天皇を加えた御前会議において、いわゆる「御聖断」が下される。

しかし、それでもなおこの時点では、ポツダム宣言受諾は確定していなかった。日本政府は、中立国のスイスとスウェーデンを通して、連合国側に「国体の護持」が保証されるのか否かを確認したからである。

八月一二日、連合国からの回答が届くが、その内容はどちらともとれるものだったために、この期に及んでも軍部は降伏に反対し、八月一三日の最高戦争指導会議では、「国体護持は保証されるのか否か、連合軍に再照会せよ」と主張する陸海軍の代表者たちと、「再照会は無意味、かえって条件を悪くさせるだけ」と主張する東郷茂徳《しげのり》外相が対立する。

明けて翌日の一四日、御前会議が再び召集され、天皇が「国体護持はおそらく大丈夫である」との予測のもとに再び決断を下し、同日夜にポツダム宣言受諾を連合国へ通達する。その間密《ひそ》かに準備されていた終戦の詔書が、玉音放送として録音され、一五日に放送される。

この過程が意味深いのは、ポツダム宣言受諾の条件をめぐる連合国とのやり取りにおいて、戦争指導部は「国体」概念を客観化することを迫られているからである。国体護持の可否が連合国側の姿勢如何《いかん》に懸かっているという場面において、大日本帝国の公式イデオロギーによって「国体」に帰せられてきた、「天孫降臨」だの「三種の神器」だの「万世一系」だの「万邦無比」だの「現御神《あきつみかみ》」だの「天壌無窮」だのといった神話的観念は、何の意味も持ち得ない。国体がどれほど素晴らしく世界に類を見ないものであるかについて日本人が主観的に懐いてきた幻想と切り離されたものとして、国体概念をそのイデオロギーの磁場の外にいる他者が理解できるものへと翻訳することを、この時迫られたのである。

八月一〇日の日本政府から連合国への問い合わせの原文、該当箇所は以下である。

The Japanese Government are ready to accept the terms enumerated in the Joint Declaration which was issued at Potsdam on July 26th, 1945 by the heads of the Governments of the United States, Great Britain and China, and later subscribed by the Soviet Government, with the understanding that the said Declaration does not comprise any demand which prejudices the prerogatives of His Majesty as a sovereign ruler.

The Japanese Government hope sincerely that this understanding is warranted and desire keenly that an explicit indication to that effect will be speedily forthcoming.

[訳] 帝国政府ハ一九四五年七月二十六日「ポツダム」ニ於テ米、英、支三国政府首脳者ニ依リ発表セラレ爾後「ソ」聯政府ノ参加ヲ見タル共同宣言ニ挙ケラレタル条件ヲ右宣言ハ　天皇ノ国家統治ノ大権ヲ変更スルノ要求ヲ包含シ居ラサルコトノ了解ノ下ニ受諾ス

帝国政府ハ右了解ニシテ誤リナキヲ信シ本件ニ関スル明確ナル意向カ速ニ表示セラレ

ンコトヲ切望ス[1]

ここにおいて、「国体」を実質的に意味する部分は、the prerogatives of His Majesty as a sovereign ruler であり、「天皇ノ国家統治ノ大権」と公式には訳されている。

つまり、「天皇が統治の大権を握る国家体制」が「国体」であり、ポツダム宣言受諾はこれを prejudice する（「変更スル」――ただし、prejudice という言葉は「損なう」という意味合いが強い）ことを意味するのであれば受け入れられない、ということだ。

これに対する連合国の回答（米国務長官ジェームズ・F・バーンズの起草した「バーンズ回答」）の要点は、次の部分であった。

> From the moment on surrender the authority of the Emperor and the Japanese Government to rule the state shall be subject to the Supreme Commander of the Allied Powers who will take such steps as he deems proper to effectuate the surrender terms.

この部分を当時の外務省は、「降伏ノ時ヨリ天皇及日本国政府ノ国家統治ノ権限ハ降伏条項ノ実施ノ為其ノ必要ト認ムル措置ヲ執ル聯合軍最高司令官ノ制限ノ下ニ置カルルモノトス」[2]〔傍点引用者〕と翻訳した。

問題となったのは、subject to の解釈であった。陸軍は、統治の権限は連合軍最高指令官に「隷属すべきもの」と訳している。

つまり、統治の権限が、連合国によって「制限される」にすぎないのか、それとも連合国に「隷属する」のか、という問題をめぐって見解は分かれた。

英語解釈の常識に照らせば、後者の「隷属する」の解釈が正しいことは論を俟《ま》たない。[3]そこで、早期講和・本土決戦回避を目指す外務省は「制限されるにすぎない」との解釈によって「国体護持は可能」との見解を提示したのに対し、本土決戦の建前から離れられない陸軍側は、直訳から「これでは国体護持が保証されたとは言えない、むしろ天皇大権の破壊であり、国体の根本的破壊である」と主張して対立したのであった。

バーンズ回答においてもう一カ所国体に関係するのは、回答の末尾であり、そこには次のように書かれていた。

The ultimate form of Government of Japan shall in accordance with the Potsdam Declaration

be established by the freely expressed will of the Japanese people.
The armed forces of the allied powers will remain in Japan until the purposes set forth in the Potsdam Declaration are achieved.

［訳］最終的ノ日本国政治ノ形態ハ「ポツダム」宣言ニ遵ヒ日本国国民ノ自由ニ表明スル意思ニ依リ決定セラルヘキモノトス
聯合国軍隊ハ「ポツダム」宣言ニ掲ケラレタル諸目的カ完遂セラルル迄日本国内ニ留マルヘシ[4]

この部分は、ポツダム宣言に掲げられた連合国による占領の目的が達成された（ポツダム宣言一二項に言う「平和的傾向ヲ有シ且責任アル政府ガ樹立セラルル」）暁には占領が終結し、「最終的ノ日本国政治ノ形態」は日本国民の意思によって決定できるようになるのであって、連合国としては「君主制の廃絶」といったことを強要する意図はない、と解釈可能である（そして、日本人が天皇制の廃絶を望むわけがない）との主張が優越して、ポツダム宣言の受諾が最終的に決断される。

かくして、玉音放送では「国体護持」は、「朕ハ茲《ここ》ニ國體ヲ護持シ得テ」というかたちで、はっきり宣言されることとなった。

2 「国体ハ毫《ごう》モ変更セラレズ」

▼国体は護持されたのか?

これらの文言の解釈から降伏・占領・新憲法制定、さらにはサンフランシスコ講和条約の発効(占領終結)に至る過程に関して、「国体は変更されたのか、されなかったのか」をめぐって、多数の論争が闘われてきた。

代表的なものには、佐々木(惣一)・和辻(哲郎)論争と宮沢(俊義)・尾高(朝雄《ともお》)論争(一九四〇年代)があり、後の無条件降伏論争(江藤淳と本多秋五、一九七八年)や、今日でも盛んに語られる「押しつけ憲法論」や日本国憲法無効論も、この問題に関係している。

これらのうち、特に敗戦後間もない時期における議論は純学術的なものではなく、一九四六年の新憲法の審議を行なった帝国議会においては、政治的論争そのものとなった。そこで、首相の吉田茂は、五箇条の御誓文を引き合いに出しながら、君臣一如の国である日本はそもそも民主主義国だったのであり、したがって新憲法によって国体は「毫《ごう》モ変更セラレナイ」云々と論じ、憲法担当国務大臣の金森徳次郎は、国体を「［天皇を］憧レノ中心トシテ、天皇ヲ基本トシツツ国民ガ統合ヲシテ居ルト云フ所ニ根底ガアル」と定義し、「水ハ流レテモ川ハ流レナイ」のと同じく、国民主権の体制になっても国体は変わっていないと答弁した。[5]

第三章で触れた、いわゆる「国体と政体の区別」、すなわち、前者は不変であるが後者は変化する、という国体論が初期から含んでいた観念を活用して、時の政権は「国体は護持された」との見解を押し通したのであった。

これに対し、美濃部達吉や宮沢俊義ら有力な憲法学者たちは、新憲法によって主権者が明白に変更されたことをもって、国体は変更されたとの論陣を張った。

▼禁じられた論点——主権の所在

このように国体護持をめぐる論争は、主に「主権の所在」を中心的論点としてさまざまな立場から闘わされたのであったが、法学者の長尾龍一は、論争の構図を次のように整理している。

ポツダム宣言受諾から対日講和条約発効までの日本の法体制に関する法的構成は、占領体制を捨象して論ずる立場と、占領体制自体を固有の法体制となす立場とに大別される。以下前者をA説、後者をB説とよぶ。[6]

長尾の見るところ、国体護持論争は論者の立場の見掛け上の多様性に反して、すべてA説内部での論争にすぎない。A説が占領体制を捨象しているというのは、「その内部対立にもかかわらず、A説は被占領国の天皇や国民が主権者たりうるという共通の前提に立っている」[7]からである。

これに対してB説は、次のような論理構成をとる。

占領体制とはポツダム宣言を憲法とし、マッカーサーを主権者とする絶対主義的支配体制である。新旧両憲法ともにこの主権者の容認する限度でのみ効力をもち、主権者は両憲法に全く拘束されない。主権者が法に拘束されるのが法治国であるならば、日本は法治国でない。日本国民の意思は議会や政府を通じて表明されるが、主権者はこれに拘束されず、これを尊重するのはあくまで恩恵である。民意による政治が民主主義なら、これは民主主義ではない。[8]

A説とB説とどちらに道理があるか、ポツダム宣言受諾の過程を見たわれわれにとっては明らかであろう。

天皇にせよ日本政府にせよ、はたまた日本国民にせよ、その国家統治の権限はGHQに「隷属する」という命題が、ポツダム宣言受諾の意味するところであった。したがって、「主権の所在」を焦点とする国体護持論争は、そもそも存在しないものの位置取りをめぐって争う不条理な論争である、と結論されざるを得ない。

長尾いわく、「占領下の民主主義と自由を熱烈に歓迎し、占領政策に協力した戦後派知識層からみればこれらの指摘は誠に不穏の言辞かもしれないが、以上の指摘は少なくとも事実として誤りではない」。[9]

しかも、A説は、GHQが新憲法の起草者は日本人であると偽装することによって支持を与えた立場であると同時に、B説は、占領下においてプレス・コードによって検閲され禁止された言論にほかならなかった。[10]「本当の主権の所在」は、論じてはならないテーマだったのである。

▼不可視化され、否認された「主権の制限」

かつ、この問題は、占領が終わることによって自動的に解消されたものでもない。サンフランシスコ講和条約の発効による占領の終結は、バーンズ回答に言う、「最終的ノ日本国政治ノ形態」が「日本国国民ノ自由ニ表明スル意思ニ依リ決定セラル」ことができる状況に移行した、つまり国体・政体の在り方を決める決定権を日本が回復したことを、本来意味したはずである。

しかし、サンフランシスコ講和条約は、同時に結ばれた日米安保条約とワンセットであった。先述したように、アメリカが形式上主権を回復した日本に求めたのは、「我々が望むだけの軍隊を望む場所に望む期間だけ駐留させる権利」（ダレス米大統領特使）であった。

この要求を日本側が受け入れたことの問題性は第二章ですでに見た通りである。

第二次世界大戦後の国際政治の根本秩序は、東西二大陣営の対立によって形づくられ、ほとんどの国家が米ソいずれかへの恒常的な依存・従属状態を強いられることとなったのだから、かかる実質的な「主権の制限」は、ある意味では必然的なことであった。[11]

しかし、繰り返し指摘してきたように、戦後日本における「主権の制限」（＝被支配＝自由の制約）の特徴は、それが不可視化され否認されるところにある。

一体何がそれを可能にしているのだろうか。われわれはその答えを「国体護持」に見出す。

すでに見たように、アメリカの支配を受け容れることの正当化は、マッカーサーと昭和天皇の会見に象徴される、アメリカと天皇との「友好的な」結合、すなわち国体の再編成の過程を通じて行なわれた。つまり、何らかのかたちで国体は護持された。日米安保条約の成立は、このプロセスが占領期を超えて引き続くことを意味する。後述するように、このアメリカを媒介項とする国体の護持あるいは再編成が、あの敗戦の結果、戦勝国によって支配されているという至極当然の事実を不可視なものとするのである。

▼国体護持の不可能性

だがしかし、吉田茂が言ったように、国体は「毫モ変更セラレナイ」などということが、本当にあり得ただろうか。

先にわれわれは、日本人が国体をどう考えるかという主観的意味での国体概念と、日本人と主観を共有しない他者との間での了解として成り立つ客観的意味での国体概念との区別に注目した。

日本の支配層にとって、ポツダム宣言の受諾に至る連合軍とのやり取りは、そのような「国体概念の客観化」を切羽詰まったかたちで迫られた、空前絶後の瞬間を印していたのだった。そこで神話的含意を取り去られて抽出された国体の概念は、「天皇ノ国家統治ノ大権」、「天皇が統治の大権を握る国家体制」であり、それは文字通り読めば、「専制君主制国家」という「政体」を事実上意味するほかない。

第三章で見たように、明治憲法に立憲主義的に運用しうる要素が含まれていたにせよ、第三者の視点から見た一九四五年八月一〇日の時点での日本は、神権政治的理念によって衝き動かされた極度に軍国主義的な「専制君主制国家」以外の何物でもなかったし、それは明治憲法に孕まれていた可能性の実現形態のひとつであった。

当然のことながら、サンフランシスコ講和条約の調印・発効による主権の回復、日本の国際社会への復帰は、論理的に見て、かかる政体に対する否定と改革抜きにはあり得なかった。

それは、ポツダム宣言第一二項に書かれた降伏後の占領終結の条件提示――前記諸目的ガ達成セラレ且日本国国民ノ自由ニ表明セル意思ニ従ヒ平和的傾向ヲ有シ且責任アル政府ガ樹立セラルルニ於テハ聯合国ノ占領軍ハ直ニ日本国ヨリ撤収セラルベシ――の延長線上にある。

ここに言う「前記諸目的」とは、軍国主義の除去や体制の民主化を具体的には指している。そして、占領改革を通じてこれらの課題が一定程度以上達成された、つまり、ファッショ化の温床となった「専制君主制国家」という政体＝国体が、根本的に変更されたと国際的に認められる状況になったからこそ、講和条約の締結が可能になったはずである。

そうでないのならば、すなわち、大日本帝国の政体＝国体に根本的な変更がなく（「毫モ変更セラレナイ」まま！）、継続した状態で国際社会に復帰するというのならば、それは戦後のドイツが「第三帝国」であるがまま国際社会に復帰しようというのに等しい。

言うまでもなく、そのようなことは許されようはずがなかった。「国体は変更された」とする美濃部や宮沢の政府批判は、こうした当然の了解を講和に先立って指摘するものでもあったはずだ。

▼国体をめぐる奇妙なプロセス

つまり、生じたことの異様さは、次の点にある。すなわち、国会で政府を代表して、国体は「毫モ変更セラレナイ」と明言したのと同一の人物が、サンフランシスコの講和会議では国体が根本的に変更されたことを確認する文書（講和条約）に調印した。

国体は変更されたと同時に護持された。ある意味で護持されたと言いうるのは、新憲法によって主権者が天皇から国民に移動したことをもって「国体は変更された」とする主張は、根拠を欠いていたからである。というのも、すでに見たように、そもそも占領下での主権は、移動しようにも日本側（天皇であれ日本国民であれ）に存在しなかった。つまり、「国体の変更」を主張するデモクラットたちは、いまだ日本が主権国家たり得ているという幻想に依拠した。

それに対し、吉田茂ら保守支配層は、「国体と政体」の伝統的二元論のイデオロギーに依拠して「国体不変」を主張したが、このイデオロギーもまた国内でのみ通用する幻想である。

かつ、両者は相互補完的な関係にあった。なぜなら、先述のように、民主化改革がそれなりの成果を収めた（国体が変更された）と対外的に認められたからこそ講和条約が可能となり、国家主権回復（＝国体の存続）が確定されたからである。

この奇妙なプロセスは、日本人の主観性の次元での国体は護持された一方、客観的次元での国体（専制君主政体）は変更された、ということでもある。あるいは、日本国民の視角から見れば、客観的次元での国体の変更を受け入れることによって、「国体は護持された」という物語――おそらくそれは、敗北による衝撃と屈辱を和らげた――を、主観的に維持することに成功したのであった。

3　国体のフルモデルチェンジ

▼「八月革命」の真相――天皇からGHQへの主権の移動

それでもこの間、日本国の許に主権がなかったからといって、主権そのものが蒸発していたわけではない。いやしくも、何がしかの決定が実効的になされうる政治秩序が存在するのであれば、そこには主権が存在する。

長尾龍一は、宮沢俊義の「八月革命説」を批判して、次のように言う。

　八月革命説の奇妙な点は、間接統治とはいえ占領軍の統治を受け、いわば占領軍を主権者とする体制において、そのことを捨象して天皇主権とか国民主権とかがありうるかのように議論していることである。比喩《ひゆ》的にいえば、『宣言』受諾によって、主権は天皇から国民にではなく、マッカーサーに移ったのである。[12]

　ポツダム宣言の内容、受諾の際のやり取りを素直に解釈すれば、占領期における主権は、法的にも実態に照らしても、GHQあるいはマッカーサーの許にあった。ゆえに、一九四五年八月に「革命」（主権の移動）があったとすれば、それは天皇からマッカーサーへの主権の移動である。

　このことを最も雄弁に物語るのは、日本国憲法九条による戦後日本の武装解除とその後の再武装（一九五〇年の警察予備隊創設）である。後に自衛隊となる実力組織の創設は、ポツダム政令によって行なわれた。戦後日本の非武装を決定した権力と同じ権力が、いかなる民主主義的プロセスをも抜きにして今度は再武装を命じたのであった。

この際に事実上の軍事組織と憲法九条の整合性の問題が放置されたことが、今日にまで続く自衛隊をめぐる憲法論争の起点を成していることは言うまでもあるまい。要するに、GHQは、憲法を制定する権力を持っていたと同時に、政治的に必要であれば憲法を破る権力（憲法に拘束されない権力）を持っていた。だが、この点こそ、占領期における主権をめぐる論争において曖昧にされ――もっと言えば、言及を忌避され――、無意識化されたのであった。

そのプロセスに見て取れるものは、二〇世紀で最も論争的な政治思想家、カール・シュミットの言った「政治神学」を連想させる。シュミットの主著『政治神学』は、政教分離によって世俗化された近代の政治空間において用いられる概念が、実はキリスト教神学で用いられてきた概念が翻案されたものであることを指摘した。わけても名高いのは主権者の概念であり、シュミットは、主権者とは「例外状態に関して決断を下す者」であると定義する。「例外状態」とは、典型的には革命や内乱といった、通常の法秩序が崩壊した状況を指し、主権者とは、そのような状況においてその命ずるところを通用させることができる者を指すが、かかるものとしての主権概念は、神学における「奇跡」の概念の世俗的翻案であるとシュミットは説く。

日本の敗戦から占領に至る時期も、おびただしい社会混乱と主権者の交替によって「例外状態」に属するものであったと言えようが、これを通じて日本人は「新しい民主主義的法秩序」を獲得したという外観の下で、実は「国体」という旧秩序の要を成す概念が守り抜かれた。そしてここにおいて、シュミットの言うキリスト教神学の翻案の役割を果たしたのは、後に見るように、日本人の歴史的無意識、すなわち、既知の歴史のパターンを未曾有の状況としての現在へと適用することであった。

▼砂川事件判決のおぞましさ

しかも、先に示唆したように、この国家主権の構造は占領終結と同時に終わらず、日米安保体制へと引き継がれる。

それを象徴するのが、一九五七年に発生し、五九年に判決が出された砂川事件である。当時、東京都北多摩郡砂川町（現、立川市）にあった米軍立川航空基地の拡張をめぐって、反対運動を行なっていた現地住民や活動家と測量を強行しようとする政府側との対立は激化し、流血の事態も発生していた（一九五六年一〇月一三日）。砂川事件とは、五七年七月八日、測量阻止のデモ隊が基地の柵を壊して内部に不法侵入したとして、二三人が逮捕、うち七人が起訴された事件である。

同事件の一審では、いわゆる伊達判決が下され、「日米安全保障条約は憲法違反である」との司法判断がなされる。これに驚愕した日本政府は跳躍上告するが、同年のうちに最高裁は一審判決を破棄する。

最高裁判決は伊達判決を完全に否定するものであった。その要旨は、「憲法九条が禁止する戦力とは日本国が指揮・管理する戦力のことであり、外国の軍隊は戦力にあたらない。したがって、米軍の駐留は憲法や憲法前文の趣旨に反しない」。そして、「日米安全保障条約のように高度な政治性を持つ条約については、きわめて明白に違憲無効と認められない限り、違憲かどうかを司法が判断することはできない」[13]（統治行為論）とするものであった。

一審の判断を最高裁が覆したこと自体は、日本の三権分立の形式性の実態に照らせば、いまさら驚くには値しないかもしれない。しかし、二一世紀になってから明らかにされたのは、この最高裁判決が出されるに至る過程のおぞましさであった。

一審判決に驚愕したのは日本政府だけでなくアメリカ側も同様であったが、当時の駐日大使ダグラス・マッカーサー二世は、伊達判決が無効化されるよう、藤山愛一郎外相や最高裁長官の田中耕太郎に圧力を掛けた。

このようなアメリカの動きも、驚くには値しない。日米安保条約の無効化は、彼らにとって戦利品の喪失を意味するからである。最大の問題は、日本側とりわけ田中耕太郎が、アメリカからの圧力を不当な介入として撥ねつけるどころか、自ら積極的におもねっていた、もっと端的に言えば、この判決は「駐日アメリカ大使から指示と誘導を受けながら[14]」書かれたという事実である。

そして、この判決内容の意味も重い。なぜなら、統治行為論を援用することによって、日米安保条約に関わる法的紛争については、司法は憲法判断を回避するべきだという判例をつくってしまったからである。これにより、日本の法秩序は、日本国憲法と安保法体系の「二つの法体系」（長谷川正安）が存在するものとなり、後者が前者に優越する構造が確定されたのである。

▼主権の放棄と国体護持の交換──「アメリカの日本」の完成

かくして、占領が公式には終結した後にも、ポツダム宣言受諾を通じて成立した主権の構造は継続された。占領期における「アメリカの日本」という構造は、占領期を超えて無際限に維持されることとなった。それは、日本の側が自発的に主権を放棄することによってである。

かかる代償によってわれわれは何を得たのか。それこそが、「国体は護持された」という擬制にほかならない。アメリカ、より端的にはマッカーサーは、アメリカ国内ならびにほかの連合諸国から上がった天皇の訴追を求める声や「危険極まりない日本の君主制を廃絶せよ」という要求から、天皇を守った。

この努力が実ったからこそ、発せられた時点では希望的観測にすぎなかった「茲ニ國體ヲ護持シ得テ」(玉音放送)は、国体は「毫モ変更セラレナイ」(吉田茂)へと接続することができた。そして、マッカーサーらのこの努力を、日本人は「アメリカの日本への理解と敬意」と解して、従属(主権の自発的放棄)を正当化した。

また、アメリカないしマッカーサーは、天皇の戦争責任追及よりも、より原理的な「国体の敵」から天皇を守った。その敵とは、共産主義である。東西対立が激化するなかで、この敵は、日本の天皇制のみならずアメリカ自身にとっても、絶対に打ち勝たなければならない存在であった。

東西対立の激化がもたらした占領政策の転換、すなわち「逆コース」の流れのなかで、戦前戦中の保守支配層(とりわけファッショ化を推進した人々)は、かつて自ら主導して国民に「鬼畜」呼ばわりさせていた相手＝アメリカに取り入ることで復権の機会を摑んだわけだが、「対米協力＝反共主義＝国体の防衛」という三位一体は、こうした変節を正当化するための論理を与え、主権の自発的放棄を促す。

つまり、ひとことで言えば、ポツダム宣言受諾から占領、サンフランシスコ講和条約、日米安保条約を通じて、主権の放棄と引き換えに、国体護持が得られたのである。

▼われわれが得た「自由」

しかし、すでに見たように、客観的な意味での国体は変更を受けるほかなかったのであり、あくまでも日本人の主観（物語）において国体が護持されたにすぎない。

したがって、主権と引き換えにして得られたものとは、正確に言えば、国体に対する主観的な解釈の権利であり、言い換えれば、国体の概念に対してわれわれ日本人が投影したい観念を投影することができた、ということにすぎない。さらに、その解釈は当然、「ポツダム宣言の内容に明白に反しない限りにおいて」という制限を受ける。

そうしたなかで、「我が国体はそもそも君民一如の民主主義である」といった観念や、「天皇はひたすら平和を祈念する存在であって、したがって戦後日本の平和主義を主導する存在となる」といった観念こそ、実際になされたそのような「投影」の内容にほかならなかった。

　かの「大元帥」から「平和国家・文化国家建設の指導者」への転身は、以上のような背景の支えを得て可能になったのと同時に、翻ってそのような転身自体がこうした構造の確立に貢献した。

　国家主権が著しく制限されている——ただし、それは東西対立が世界中の国々に運命づけた構造であるから致し方がないとして——、より正確には、国家主権を自発的に放棄しているなかで国民主権を口にすることの虚しさの埋め合わせとして、われわれは「根っから民主主義的で平和主義的な国体」について色々なお喋《しゃべ》りをする自由を許されることとなった。もっとも、それが自由と呼ぶに値すると仮定すればのことではあるが。

　とはいえ、かつてファッショ体制を領導した政治家たちが「自由民主党」を名乗りながら、アメリカン・デモクラシーの何たるかを本気では理解しようとはせず、外面的にそれに迎合してみせるだけで内心これを軽蔑・嫌悪することが許される、という程度の自由は現実に保障されてきたのである。

▼「国体は護持されたのか否か」という問いの正解

右に見てきたプロセスを通じて成立したのが、「戦後の国体」、あるいは「安保国体」とでも言うべき構造であった。

「国体は護持されたのか否か」という問いの正解は、「そのいずれでもなく、いずれでもある」というものであろう。すなわち、一種のフルモデルチェンジがなされた。

戦前激しい弾圧を受けた大本教の教祖、出口王仁三郎《おにさぶろう》は、戦後に「マッカーサーはへそだ。朕の上にある」という冗談を飛ばしていたと伝えられるが、まことに簡潔に本質を衝いている。フルモデルチェンジされた国体は、アメリカ（マッカーサー）を日本の天皇よりも構造的に上位に戴くかたちで形成されたと言える。

このことは、論じてきたような、国家主権をめぐるややこしい公法学的議論とは別次元で、マッカーサーが「青い目の大君《たいくん》」として当時の日本国民から熱烈に受け入れられたことによっても裏づけられる。

マッカーサーという、一面では保守的なポピュリストであり、他面では自己劇化を好み、現実主義的な軍人であると同時に理想主義的信念に傾くこともあるという特異な個性を持

つ人物が主導したことも手伝って、占領は、単に敗戦したために占領統治を受けたという
こと以上のものを意味することとなった。

さまざまな意味で、「あの戦争に負けてよかった」とは、多くの場面で語られてきた戦後の日本人の本音であるが、このような本来あり得ない言明が半ば常識化し得たのは、われわれが「新しい国体」を得たことによると考えるならば、合点がゆく。

▼「新しい国体」と新憲法制定

この統治構造は、新憲法（日本国憲法）の制定過程にもよく表れている。新憲法は、明治憲法に定められた憲法改正手続きに則《のっと》って改正された。明治憲法を変更できるのは天皇だけ（大日本帝国憲法第七三条：勅命ヲ以テ議案ヲ帝国議会ノ議ニ付スヘシ）であったから、昭和天皇が草案を発議し、最終的に裁可して、改正されている。

この過程は明らかに、旧憲法と同じく欽定憲法のそれである。占領下では、憲法制定権力の実質はGHQにあったが、その形式的行使権限は天皇に委ねられていた。言い換えれば、国体の頂点を占めるGHQ（＝連合国、実質的にアメリカであり、より実質的にはマッカーサー）が、天皇を通じて主権を行使する、というかたちであった。

ちなみに、形式において欽定憲法たる新憲法は、内容において主権在民であり（日本国憲法前文：日本国民は、〈中略〉ここに主権が国民に存することを宣言し、この憲法を確定する）、民定憲法である。

ここには明白な矛盾があるのだが、この矛盾をもって憲法案を審議した枢密院での議決において新憲法に反対したのは美濃部達吉ただひとりであった。つまり、新憲法の謳う国民主権における「国民」は、制憲過程において一貫して不在であり、ＧＨＱが日本国民の主権者としての地位を代行・擬制しているにすぎない、という事実からは、目が閉ざされたのであった。

▼天皇制の存続・戦争放棄・沖縄の犠牲化――「戦後の国体」の三位一体

かつ、こうした憲法制定過程という外面的事情のみならず、新憲法の内容もまた、国体護持、あるいはリニューアルに深く関わっていた。

新憲法の草案ができるまでの過程に関しては、詳細な研究がされてきた。すなわち、ＧＨＱが憲法改正を日本側に指示し、国務大臣の松本烝治《じょうじ》が明治憲法に小規模の改定を加えた案を作成するが、ＧＨＱは到底これに満足せず、「マッカーサー三原則」（「天皇を元首とする」「戦争を放棄する」「封建制度を廃止する」）に基づく憲法草案を急遽作成し、日本側に受け入れを要求する。日本側は、「戦争放棄」の条項に驚愕するが、GHQ側はそれを押し切り、現憲法の骨格が確定される。

ここにおいて重要なのは、「マッカーサー三原則」における「天皇を元首とする」と「戦争を放棄する」は、相互補完的な関係にあった、ということだ。

「天皇を元首とする」は天皇制の維持を実質的に意味していたが、GHQが新憲法の起草を猛烈に急いだ最大の動機は、一九四六年二月二六日に予定されていた極東委員会の第一回会議の前に、新憲法の方向性を決してしまう必要があったことにあった。すなわち、ほかの連合国代表が参加し、権限上GHQに対日方針を指示する立場にある極東委員会が制憲過程に介入してくるならば、天皇を守り抜くことができなくなる可能性があったからである。

そして、戦争放棄は、アメリカの国内世論と国際世論を納得させるために必要とされていた。「ヒトラー、ムッソリーニに比すべきヒロヒト」と考える人々が世界中にいるなかで天皇を守り抜くためには、日本が完全なる非武装国家となるという大転換を打ち出さねばならなかったのである。

戦争放棄の条項を突きつけられた当時の日本政府首脳は、当惑し逡巡するが、最近明らかにされたことによれば、草案を提示された昭和天皇自身が「これでいいじゃないか」と発言し、幣原首相は受け入れる決意を固めたという。[15]

つまり、昭和天皇は、マッカーサー三原則の意味、「天皇制の存続」と「戦争放棄」の相互補完性を、当時の政府首脳陣のおそらく誰よりもよく理解していた。国体を護持するためには、自らが大元帥の地位を去ることはもちろんのこと、戦後日本が自衛戦争の権利すらをも放棄する姿勢を見せねばならない、というきわめて透徹した認識がそこにはあった。

マッカーサーからすれば、円滑な占領統治のために是が非でも天皇を救いたい。ここには両者の、阿吽《あうん》の呼吸とも言うべき、協力関係を見て取ることができる。

こうして、占領初期においては、天皇の国体護持を目指す強固な意思は、GHQによる占領統治への積極的協力として現れた。先に述べたように、東西対立の激化、逆コース政策への転換、共産主義の脅威の増大とともに、天皇の国体護持への意思は、日米安保体制構築への意思となって現れる。

そして、この時もまた、日本の独立回復後も巨大な軍隊の駐留を続けたいアメリカの意思を天皇は見事に慮《おもんぱか》ることによって、協力関係を成立させたのであった。その際、沖縄問題の「処理」における昭和天皇の「沖縄メッセージ」の発信は、国体のフルモデルチェンジによる護持過程の中核部に位置した出来事であった。

今日、名護市辺野古沖の新基地建設問題をはじめとして、沖縄は国民統合の危機が最も明瞭に可視化される場所となっているが、それは「戦後の国体」の歴史的起源の帰結である。右に見たように、「天皇制の存続」は憲法九条による絶対的な平和主義を必要としたが、他方で、その同じ「天皇制の存続」は日米安保体制を、すなわち世界で最も強力かつ間断なく戦争を続けている軍隊が「平和国家」の領土に恒久的に駐留し続けることを必要とした。

この矛盾に蓋をする役割を押しつけられたのが沖縄である。マッカーサーは、「日本は太平洋のスイスたれ」と述べた（もっとも、スイスはどの国とも同盟を結ばない「永世中立国」であって、非武装国では全くないのだが）が、沖縄が日本から一旦除かれ、米軍が完全に自由に使用することのできる「基地の島」と化すことが、戦後日本が平和主義を新たなナショナル・アイデンティティとして謳いながら、同時にアメリカの軍事的利害にかなう存在であることが可能となるための条件であった。つまり、天皇制の存続と平和憲法と沖縄の犠牲化は三位一体を成しており、その三位一体に付けられた名前が日米安保体制（＝戦後の国体の基礎）にほかならない。「沖縄メッセージ」は、この仕組みの国体護持にとっての死活的重要性を物語っている。

かくして、沖縄は「戦後の国体」が国民統合の機能を果たす際に、あらかじめ除外されると同時に、それが機能するために絶対に不可欠な役割を負わされた。ゆえに、「戦後の国体」、すなわち世界に類を見ない特殊な対米従属体制が国民統合をむしろ破壊する段階に至ったいま、その矛盾が凝縮された場所＝沖縄において、日本全体が逢着している国民統合の危機が最も先鋭なかたちで現れているのである。

▼昭和天皇が果たした超憲法的な役割

なお、新憲法施行以降、日米安保条約の成立に至る過程で昭和天皇が取った行動[16]は、憲法に定められた天皇の権限から逸脱した政治介入である。

新憲法下での天皇の政治介入の実態と是非については、閣僚による「内奏」の問題をめぐって論じられることが多いが、さまざまなエピソードから推測できるのは、昭和天皇は新憲法下で自らの果たすべき役割を旧憲法下でのそれと根本的に異なるものとはとらえていなかったであろう、ということだ。[17]

その役割とは、自己の意思を強硬に押しつけるということではないが、完全に受動的で名目的な存在としての立憲君主のそれというものでもなかった。当人としては、イギリスの王政に範をとって、要所要所で適切な助言や励まし、警告を為政者に与えることが、天皇大権が廃止された新憲法の下での役割であるとの認識を持っていたと推察される。

旧憲法下においても新憲法下においても、自らの意向をほのめかすことによって統治エリート集団が進むべき方向性に示唆を与えるという点が共通しており、その意味で根本的役割は異ならなかった。また、そのような天皇と統治エリート集団との意思の調整・一致が、国体イデオロギーの言う「君民共治」の実態であり、限界でもあった。

ただし、当人の認識はともかくとして、終戦から日米安保体制の成立に至る体制全般の危機の過程で天皇が果たした役割は、超憲法的なものであった。戦争終結を天皇自らが実質的に裁断した場となった御前会議は明治憲法において規定のない超憲法的存在であったし、新憲法の下では、主権者であると擬制された国民の選んだ政府と超憲法的権力そのものであるGHQおよびアメリカ政府とを媒介する役割を果たしたのであった。

4　征夷するアメリカ

▼征夷大将軍マッカーサーという物語

かくて、敗戦と混乱、被占領という危機を乗り越えて、初期戦後レジームの骨格、すなわち、日米安保条約を基礎とする微温的な反共主義体制が結果的に成立するが[18]、そこから遡及的に見れば、マッカーサーは戦争責任問題から天皇を救い出しただけでなく、一層勢力を増してきた「国体への脅威」としての共産主義から国体を守り抜く存在として、日本に降り立ったのだと見ることができるようになる。

してみれば、マッカーサーは、ある意味で「勤皇の士」ではないのか。

そして、実はこのような光景は、日本史において見慣れたものにほかならない。天皇とマッカーサーのあの会見は、日本の歴史上、何度も繰り返されてきた構図の反復なのである。

というのも、古代から近代に至るまで、何度も「天下人」は変遷し、その度に天皇はいわゆる「玉」として扱われた。幾度も指摘されてきたように、日本史の顕著な特徴は、権力の交替において、新たに権力を握ろうとする者が、権威の源泉たる天皇を廃して自ら権力と権威を兼ねようとはせず、あくまで天皇の朝廷が設定した官位を得ることによって権力の正当化を図ってきた、という点にある。

かかる構造においては、権力の正統性源泉は天皇によってあらかじめ独占されており、したがって、権力を獲《と》ろうとする者は、尊皇・勤皇を表向き必ず掲げざるを得ない。しかし、権力交替の際、天皇が実力者との接し方を誤ればこの法則は破られかねなかったであろうし、そうなることは直ちに、天皇の身の危険、王朝の廃絶の危機を意味したはずである。

あの会見以来、天皇とマッカーサーの関係は速やかに協力的なものとなり、GHQの天皇制温存の判断はますます堅固なものとなっていったが、それは幾度ものそのような危険な瞬間を歴史上乗り越えてきた、天皇家の、いわばDNAが力を発揮した結果であっただろう。[19]

してみれば、マッカーサーが「青い目の大君」と呼ばれたことは、単なる比喩以上の意味を持っている。「大君」とは、江戸時代に幕府が征夷大将軍の対外的称号として用いた言葉である。占領史研究をリードしてきた政治学者の袖井林二郎も次のような指摘をしている。

天皇を通じて日本国民を支配する、それこそまさに将軍家の機能にほかならなかった。明治維新によって最後の将軍が廃絶されて以来、七十余年ぶりで、日本は将軍を戴くことを強制される。[20]

だが、この「強制」は、日本人の歴史的無意識によって濾過され、天皇によるマッカーサーの征夷大将軍への任命ととらえれば、次のような首尾一貫した物語をつくることに役立てることができる。

すなわち、「夷狄《いてき》」を討つことが征夷大将軍の役割であるが、マッカーサーはまず、平和主義者たる天皇に無理矢理戦争を始めさせた戦争狂の軍人たちを屈服させて、天皇を彼らの包囲から救け出した。そう考えれば、あの会見の場面は、昭和天皇がマッカーサーを征夷大将軍に任命した瞬間である、ということになる。そして、戦争狂の軍人たちが訴追され罰せられた後、彼らに代わって「夷狄」に指定されるのは、共産主義者たちである。

この脅威から天皇を守ることが、将軍の仕事となる。

しかしもちろん、かかる歴史解釈は、日本人がそうであってほしいと願う、主観的次元における国体の物語である。

▼どちらが主人なのか

実際のところ、天皇とマッカーサーおよびアメリカとの協力関係は、単純な蜜月などではなく、常に穏やかに展開したわけではなかった。GHQは、明治節（一一月三日）を新憲法の公布の日とし、一九四八年の一二月二三日、すなわち現在の天皇、つまり当時の皇太子の誕生日という皇室にとってとりわけおめでたい日を選んで、A級戦犯を処刑した。この日昭和天皇は、側近に対して「辞めたい」と漏らしたという。[21]

こうした「日付のポリティクス」によって、GHQは「どちらが主人なのか」を度々想い起こさせようとしたわけだが、意思の強要という点で最も重要かつ際立っていたのは、昭和天皇に退位を許さなかったことであろう。

敗戦の責任を取って退位すべきであるという主張は、内外の天皇制に批判的な勢力のみならず、三笠宮《みかさのみや》のような皇族の一員や戦前戦中において側近中の側近であった木戸幸一からも出されていた。木戸は、サンフランシスコ講和条約の発効によって戦後処理に一定の目処が立った時が適当であると昭和天皇に直接提案し、天皇自身も何度か真剣に退位の実行を考えている。

しかしそれが実行されなかった理由は、究極的にはアメリカの意思であった。なぜマッカーサーが退位を強硬に禁じたのか、現在でも不明な点が多いが、退位は「平和主義者である天皇に戦争責任は一切ない」という物語に対して害を及ぼしかねないという判断や、「アメリカが天皇を辞めさせた」という印象を日本人に対して与えることを避けた、といった事情が推論可能であろう。

▼昭和天皇の「言葉のアヤ」発言

いずれにせよ、昭和天皇は退位せず、後には退位を検討した事実自体が抹消されてゆく。[22] そして、一九七五年には、訪米後の記者会見の席で、戦争責任についての質問を受けて有名な言葉を発することとなる。

そういう言葉のアヤについては、私はそういう文学方面はあまり研究もしていないのでよくわかりませんから、そういう問題についてはお答えが出来かねます。[23]

この発言に対して多くの人々が驚き、憤慨したが、素朴に読めば、途轍もなく無責任で倫理的不感症を感じさせる発言である。

しかしながら、事柄の本質は単純素朴な次元にはない。あまりに重い戦争責任の問題を「言葉のアヤ」と呼んだことには、ある種の過剰性が感じられる。「何を言っているのだ。そんなものあるわけがないではないか」、と。なぜなら、国体護持のために日米合作でつくられた物語は、「天皇に戦争責任はない」と政治的に決めたのである。戦後三〇年経って昭和天皇が天皇であり続けていること、その場で記者会見をしていること自体が、この物語の結果である。

「国体は護持されたという物語を諸君も欲しがったからこそ、私はその物語に忠実に振舞ってきた。この物語の《ゲームのルール》に乗っかりながら（物語を成り立たしめる協力者として振る舞ってきながら）、突然それをなかったことにするのか」――歴史的事実に照らして天皇の本音を推測すれば、そのような思いがあったはずである。

ゆえに、戦争責任をめぐる問いには、回答しようがない。「そういう問題についてはお答えが出来かねます」。この強い言葉には、天皇自身が知悉していた国体護持の虚構性とそれについて知らないふりをする者へのいら立ちが滲み出ている。

▼権威と権力の構造

カール・マルクスの箴言にいわく、「人間は自分自身の歴史をつくるが、自分が選んだ状況下で思うように歴史をつくるのではなく、手近にある、与えられ、過去から伝えられた状況下でそうするのである。死滅したすべての世代の伝統が、生きている者たちの脳髄に夢魔のようにのしかかっているのだ[24]」（『ルイ・ボナパルトのブリュメール一八日』）。

マッカーサーによる日本占領に対する日本人の対応は、この箴言の典型例であるのかもしれない。総力戦における敗北と被占領、占領軍による革命的改革という事態は、日本史上未曽有であったことはもちろん、世界史上でも類を見ない出来事であったはずである。

しかし、まさにこのような新しい事態を、人間は「過去から伝えられた状況」から解釈し、それに対処しようとするのである。そして、人間がそのように認識し行動するために、新しい現実の方もまた、ある面では過去を反復することになる。

日本人の歴史意識からとらえられたマッカーサーが征夷大将軍であったとすれば、それは「不変の権威＝天皇」（国体）／「現実的権力＝マッカーサー・ＧＨＱ」（政体）という伝統的な認識図式に収まる。この図式において、マッカーサーが天皇に対して示した理解と敬意は、唯一の正統性源泉としての朝廷の位階をマッカーサーが受け入れたことを意味する。

そして、マッカーサーが瞬く間に「救世主」として日本国民から受け入れられたことも、これまた「死滅したすべての世代の伝統が、生きている者たちの脳髄に夢魔のようにのしかかっ」たことの一例ではなかったか。

すなわち、江戸時代において典型的なように、現実的な権力は、しばしば天皇と並び立ち時に凌駕する権威性を帯びるようになる。東京のマッカーサーの許には推定約五〇万通もの手紙が日本全国から届けられたが、その多くにはマッカーサーを天皇以上の、あるいは天皇に代わる権威として崇め奉る心情があふれている。[25]

さらには、マッカーサーが解任され本国へ帰還する際（一九五一年）には、マッカーサー神社を建立しようという計画が持ち上がり、発起人には、秩父宮《ちちぶのみや》夫妻、田中耕太郎（最高裁長官）、金森徳次郎（国立国会図書館長）、野村吉三郎《きちさぶろう》（開戦時駐米大使）、本田親男《ちかお》（毎日新聞社長）、長谷部忠《はせべただす》（朝日新聞社長）ら、錚々《そうそう》たる有力者が名を連ねた。[26] それは実現したならば、日光東照宮に比すべきものとなったであろうか。

このメンバーに、後に砂川事件で最高裁長官として安保国体を法的に確立することとなる田中耕太郎や「水ハ流レテモ川ハ流レナイ」と国会で憲法担当国務大臣として述べて国体不変を強弁した金森徳次郎が含まれていることは、実に興味深い。彼ら親米保守支配層にとって、マッカーサーは神聖なる安保国体の守護神として現れたのであった。

▼坂口安吾が衝いた「天皇崇拝者」の二重意識

あの戦争において膨大な人々を殺した天皇制が、敗戦にもかかわらず再建される過程を目の前で見ながら、坂口安吾は次のような激しい天皇制批判、より正確には天皇制をつくり出し維持する日本人への批判を書きつけた。

> 天皇制というものは日本歴史を貫く一つの制度ではあったけれども、天皇の尊厳というものは常に利用者の道具にすぎず、真に実在したためしはなかった。
> 藤原氏や将軍家にとって何がために天皇制が必要であったか。何が故《ゆえ》に彼等自身が最高の主権を握らなかったか。それは彼等が自ら主権を握るよりも、天皇制が都合が

よかったからで、彼らは自分自身が天下に号令するよりも、天皇に号令させ、自分が先《ま》ずまっさきにその号令に服従してみせることによって号令が更によく行きわたることを心得ていた。その天皇の号令とは天皇自身の意志ではなく、実は彼等の号令であり、彼等は自分の欲するところを天皇の名に於て行い、自分が先ずまっさきにその号令に服してみせる、自分が天皇に服す範を人民に押しつけることによって、自分の号令を押しつけるのである。

自分自らを神と称し絶対の尊厳を人民に要求することは不可能だ。だが、自分が天皇にぬかずくことによって天皇を神たらしめ、それを人民に押しつけることは可能なのである。そこで彼等は天皇の擁立を自分勝手にやりながら、天皇の前にぬかずき、自分がぬかずくことによって天皇の尊厳を人民に強要し、その尊厳を利用して号令していた。

それは遠い歴史の藤原氏や武家のみの物語ではないのだ。見給《みたま》え。この戦争がそうではないか。（中略）何たる軍部の専断横行であるか。しかもその軍人たるや、かくの如くに天皇をないがしろにし、根柢的に天皇を冒瀆《ぼうとく》しながら、盲目的に天皇を崇拝しているのである。ナンセンス！　ああナンセンス極まれり。しかもこれが日本歴史を一貫する天皇制の真実の相であり、日本史の偽らざる実体なのである。[27]

まさにこれは「藤原氏や武家のみの物語ではない」のであった。「藤原氏や武家」の箇所に、「マッカーサー」や「アメリカ」を代入すれば、アメリカの企図した「天皇を通じた円滑な占領統治」「天皇制民主主義」の説明となる。

アメリカは、天皇制の「カラクリ」と安吾が呼んだものに進んで搦めとられることを自国の国益の実現に適うものと認識して、実際に行動したと言える。かつ、「天皇」の箇所に「アメリカ」「マッカーサー」を代入すれば、今度は田中耕太郎や金森徳次郎の言動の説明となる。

これらの「天皇崇拝者」の二重意識を安吾は衝いていた。いわく、彼らは「根柢的に天皇を冒瀆しながら、盲目的に天皇を崇拝している」。

アメリカは、国体護持の神話の成立に協力しながら（天皇崇拝）、それが自己利益のためであること（天皇冒瀆）を隠蔽する。他方、民主主義者に転向した日本人は、アメリカン・デモクラシーを熱烈に支持しながら（天皇《アメリカ》崇拝）、その実態がすでに見たように国民主権とはかけ離れたイカモノにすぎない事実を見ようとはしない（天皇《アメリカ》冒瀆）。

しかし、この二種類の「天皇崇拝－冒瀆」の類型の間には、大きな違いがあることにべきであろう。それは、この二重意識自体が意識されているか否かの違いである。安吾は言う。

藤原氏の昔から、最も天皇を冒瀆する者が最も天皇を崇拝していた。彼等は真に骨の髄から盲目的に崇拝し、同時に天皇をもてあそび、我が身の便利の道具とし、冒瀆の限りをつくしていた。現代に至るまで、そして、現在も尚、代議士諸公は天皇の尊厳を云々《うんぬん》し、国民は又、概《おおむ》ねそれを支持している。[28]

戦後のいわゆる親米保守支配層は、ここに言われる「藤原氏」の末裔である。彼らは、対米従属レジーム＝安保国体を天壌無窮のものとして護持することを欲するが、それはアメリカン・デモクラシーの理念への心服ゆえではなく、そこに彼らの現実的利益が懸かっているからである。たとえば、頻繁に文書の隠蔽を行ない、民主主義の根幹をなす公開性の原則を蔑《ないがし》ろにする外務省が、平気で「価値外交」なるスローガンを掲げるという茶番には、かかる分裂に対する認識、それに伴う葛藤を見出すことはできない。

これに対して、アメリカの天皇崇拝は、すでに見たように、明白な戦略性を持ったポーズにほかならなかった。

▼冷戦の終焉＝権威と権力の分立の終焉

そして、ポスト冷戦の状況は、「天皇とアメリカ」が曖昧なままに権威と権力を分け合っている状態を存続不可能なものとする。

そもそもポーズにすぎなかった、日本人が懐く国体をめぐるファンタジーへの、アメリカのお付き合いは終わる。共産主義の脅威なき後、アメリカが天皇ないし日本のために「征夷」する動機はなく、慈恵的君主として自ら君臨する動機もないからである。つまり、安保国体は、現実的基盤を喪う。

してみれば、われわれが直面しているのは、権威と権力の両方を兼ね備えたアメリカを受け入れるのか――自民党政権に代表される親米保守支配勢力の考えによれば、「この道しかない！」のだそうだ――、権威としてのアメリカを拒否し、現実的権力としてのアメリカと現実的な付き合いをするのか、という岐路なのである。

第六章　「理想の時代」とその蹉跌

（戦後レジーム：形成期③）

1　焼け跡・闇市から「戦後の国体」の確立へ

▼理想の時代

前章で見てきた「国体を護持した敗戦」と占領、講和条約の発効、日米安保体制の成立にまつわる政治神学的過程の進行と並行して、この期間は、著しい社会混乱と同時に、あの軍国主義と敗戦を経てどんな国として再出発するのかという問いが、かつてない熱気を帯びて問われた時代であった。丸山眞男《まさお》の「超国家主義の論理と心理」が岩波書店の『世界』一九四六年五月号に現れた時、人々は焼け跡に列をなして買い求めたと言われる。

混乱のなかでどのような「理想」を打ち立てるかが問われた時代であっただけに、この時代になされた注目すべき政治的論争と闘争の数は多い。またこの時代を超えて現在に至るまで争われ続けてきた「争点」の原型を、この時代の論争・政治闘争は与えている。

占領期のGHQ内部でのGS（民政局）とGⅡ（参謀第二部）の暗闘、逆コースとレッドパージ・国鉄三大謀略事件、そして共産党の武装闘争とその挫折、ならびに方向転換といった、混乱の時代に戦後レジームの基礎構造を決していった重要な経緯については、本書では触れない。

ここで取り上げたいのは、最も大枠の「国のかたち」をめぐる次元の論争と闘争である。それらは、右に論じてきた「戦後の国体」の形成に対するアンチテーゼとして、しかし時にその形成を補完するものとして展開された。

大まかに言って、「戦後の国体」に直接関わる論争は、次のように展開してきた。

その嚆矢は、一九五一年に調印されたサンフランシスコ講和条約ならびに日米安保条約をめぐる講和論争に求められる。論争は、「全面講和か片面講和か」というかたちで闘われた。

片面講和による主権の（形式的）回復を経て、親米保守支配勢力は、憲法改正と再軍備に乗り出す。しかし、この目論見が完全な不発へと追い込まれた後、一九六〇年の安保闘争を迎えることとなる。この巨大な争乱は条約の改定を阻止することができず、岸信介首相を退陣に追い込んだのみであった。

安保闘争は、ある面では全共闘運動に引き継がれる。そして、東大闘争やあさま山荘事件といった激しいスペクタクルが展開され、これらの異議申し立て運動が粉砕ないし自壊した時、多くの人々が「時代の終焉」を感じ取った。

▼政治論争——ふたつの原型

これらの論争・政治闘争における争点の基軸のひとつは、「反米」であった。それは、「戦後の国体」がアメリカを頂点とするものとして構築されたものであった以上、反対者たちがそれを掲げたのは見やすい道理である。

まず、講和論争の場合、一九四九年から五〇年にかけて、自由主義者から左派までを含む広範な学者が平和問題談話会や平和問題懇談会といった団体を組織し、ソ連・中国を含むすべての交戦国との講和（全面講和論）を主張し、外国軍隊への基地提供に反対する（つまり、日米安保条約に反対する）論陣を張った。中心人物のひとりであった東大総長、南原繁を首相の吉田茂が批判して「曲学阿世《きょくがくあせい》の徒」と呼んだ話は有名であるが、政権与党側は、全面講和論を学者の空理空論として切り捨てた。

この論争には、戦後の政治論争の原型が現れている。反体制側は対米従属一辺倒でない日本の国際的立ち位置を模索・追求すべきだと主張し、権力側は「机上の空論でお話にならない」と門前払いするというパターンであり、このパターンは現在に至るまで引き続いている。

戦後日本の国際的立ち位置は、論理上三通りあり得た。すなわち、①対米従属、②対ソ従属、③中立、である。

言うまでもなく、①対米従属が現実に選ばれた選択肢である。そして、後知恵含みで言えば、②対ソ従属を選んだ、あるいは強いられた国々が、その後歩んだ苦難の道に照らせば、②はあらゆる意味で問題にならなかった。

最も倫理的に高い立場が、③中立の「東西対立のどちらの陣営にも与せず独立不羈《ふき》を貫く」であることもまた、言うまでもあるまい。ゆえに、批判的知識人の多くが③を主張した。

だが、③中立が孕む困難は、極端に言えば、一旦回避した本土決戦をあらためて実行することを意味するところにある。アメリカは、多大の犠牲を払って日本を打ち負かし、その結果を背景にアメリカの属国たることを日本に要求した。中立を貫くとはこの要求に抗することであり、それが徹底されたならば、インドネシアの九月三〇日事件（一九六五年）のように、穏やかならざる事態が招かれた可能性を否定できない。片面講和と日米安保条約への調印とは、③の独立国として筋の通った選択肢を捨て、アメリカの庇護の下での復興・発展という実を取ることを意味した。

また、講和論争においてすでに現れたもうひとつのパターンがあった。それは、戦争の脅威が常に「米ソの対立に日本が巻き込まれる」というかたちで提起されることである。すなわち、日本の側が主体的に戦争を遂行するという事態はもはや問題にならず、アメリカとソ連の戦争のとばっちりを受けて我が方にも重大な被害が出る事態を対米従属は招く、とする批判である。このパターンは「アメリカとソ連」が今日、「アメリカと北朝鮮」あるいは「アメリカとイスラム原理主義テロ組織」といったかたちに変更されて維持されている。

以上のふたつのパターンは、六〇年安保においてすぐに反復されることとなる。そして講和論争と安保闘争の間に挟まれているのが、五〇年代の改憲論争である。一九五〇年に警察予備隊が創設され、五二年には海上自衛隊の前身となる海上警備隊が発足する。

こうした流れのなかで、吉田から政権を引き継いだ鳩山一郎は、原則的な再軍備論者だった。原則的というのは、なし崩し的な再軍備ではなく、憲法改正を正面から提起して行なわなければならない、という考えを持ち、それを実行しようとしたことによる。

しかし、一九五二年から五五年にかけての政局において、改憲と再軍備の問題は、保守勢力諸党の議題に度々上り、鳩山が政権の座に就いたにもかかわらず、ついに実現することはなかった。その端的な理由は、改憲や再軍備への意欲を保守勢力が露にすればするほど、再軍備に強硬に反対する左派社会党が得票を伸ばしたからである。

さらに、アメリカの密かな関与のもとに保守合同がなされて自由民主党が結成されると、同党は「現行憲法の自主的改正」を綱領に掲げることとなる。そして、周知のように、自由民主党は今日に至るまで、例外的なわずかな期間を除き、政権の座を占め続けてきた。

あらためて驚くべきは、にもかかわらずいまだに改憲は実現していないという事実である。その理由は、制度的なものや技術的なもの等さまざまあるが、いずれにせよ自民党はほぼ盤石の支持を受けてきたにもかかわらず、改憲の試みは長年阻まれてきた。言い換えれば、有権者は一貫して、改憲を党是とする政党を支持しながら改憲に反対してきた、というねじれがここにはある。

ちなみに、このパターンも、改憲をこれまでの自民党政権とは比較にならないほど明確に掲げた安倍政権下での有権者の投票行動と憲法問題に関する姿勢において、反復されている。

▼六〇年安保

戦後の対米従属レジームに対する最大の内発的な抵抗が生じたのは、六〇年安保においてであった。逆に言えば、この危機を日米支配層が乗り切ったことによって、戦後の対米従属レジームは確立された。

近代前半の第一期とのアナロジーで言えば、一九六〇年は、一八八九年の大日本帝国憲法発布前後の状況に擬《なぞら》えることができる。すなわち、レジームが根本的な不安定性を克服し、潜在していた「別の理想」の実現可能性を無効化するに至った、ということである。いずれの場合でも、確立されたのは「国体」であった。

一九六〇年の安保改定が実行されるまで、日米安保体制は盤石とは言えなかった。岸の前任者、石橋湛山《たんざん》は、明確に多元外交論者であり、就任時（一九五六年一二月）の記者会見では、「アメリカのいうことをハイハイきいていることは、日米両国のためによくない」「米国と提携するが、向米一辺倒になることではない」と述べており、[1] 首相退任後も岸による安保改定を批判し、さらに後には岸を引き継いだ池田政権の対米姿勢をも批判した。日米安保を日米中ソ四カ国の安全保障体制へと発展させることで冷戦を終結させようというのが、湛山が後に打ち出すヴィジョンであり、仮にあの当時、彼が病に倒れていなければ、日米安保体制は、少なくとも即座には盤石なものとはならなかった。

アメリカから見れば、石橋湛山のような人物が与党の有力者として存在すること自体が大きなリスクであったわけだが、それはこの時代が戦後日本が進む方向性に関してさまざまな潜在的可能性を含んでいたことと同義なのである。

アメリカから見てはるかに好ましいのが岸であったことは、言うまでもない。岸政権がやろうとしていた安保条約の改定の内容を、反対に起ち上がった群衆はよく理解していなかったと言われる。それゆえ岸は、「占領の延長であるような不平等条約を私は対等なものとしようとしているのに、彼らはそれを理解しようともしない」と嘆いた。つまり、あの時群衆が爆発させた憤りは、条約の改定のあれこれの具体的内容に対してというよりも、岸信介という戦前戦中の軍国主義を想起させるキャラクター、さらにその人物がアメリカとの媒介者となって対米従属体制を強化し、永久化させようとしていることのいかがわしさに対する、ほとんど生理的な嫌悪感に基づいていた。

この直感は正しかった。今日明らかになった事情、すなわち核兵器持ち込みの事前協議の問題に代表される密約の存在に鑑みれば、表向きの対等化など理解するに値せず、群衆の積極的無理解はむしろ改定の本質を衝いていた。

岸に対する嫌悪、安保改定に対する嫌悪はそれぞれ、「戦前の国体」と「戦後の国体」に対する嫌悪だったのである。

▼「戦後の国体」の奇妙な安定

六〇年安保の国内政治次元での結果は、次のように要約されよう。

① 大衆の大規模な直接行動的政治参加が時の政権を退陣に追い込んだ。

② にもかかわらず、自民党の支配は揺るがなかった（池田勇人の首相登板と「所得倍増計画」による「政治の季節から経済の季節へ」という転轍《てんてつ》）。

①を重視する論者は、六〇年安保に「戦後民主主義の定着」、国民の勝利を見出してきたのであり、永らくそれは戦後政治史を見る際のオーソドックスな立場であった。
②を重視する論者は、ここに一九四五年の敗戦以来の革命的民主化の展望の終焉を見る。すなわち、三〇万人もの群衆が国会を取り巻いたという事態は、革命的民主化の時代の最

後の宴であり、これ以降、政治的・公共的理想の追求から経済的・個人的利益の追求へと、国民大衆の関心がシフトしてゆく。

ひとことで言えば、①は「戦後民主主義の前進」を、②は「戦後民主主義の限界」を安保闘争の結果に見て取る。

しかし、われわれが注目してきた「戦後の国体」の観点からすれば、最も重大な結果は、①の面と②の面の複合として、日米安保体制が継続強化され自民党政権が継続するにもかかわらず、「現行憲法の自主的改正」の綱領を同党は長期にわたって店晒《たなざら》しにするほかなくなった、ということだ。

この相反する二面性の上に「戦後の国体」は奇妙な安定を得たと言える。

石橋湛山に象徴されるような、根本的に異なった国際的立ち位置を日本が主体的に模索する可能性が取り除かれたという意味で、「戦後の国体」は安定を得た。だが他方で、岸に対する国民の大規模な憤りの表明は、改憲による正面からの再軍備という自民党本来の志向性を、長きにわたって打ち出し不可能なものとした。それはすなわち、アメリカは、日米安保に基づいて日本の国土を軍事要塞として引き続き安定して使用することはできるが、日本の軍事力を米軍の補助戦力として活用することには強い制約が課され続ける、ということを意味する。

同時に、この状態の出現は、いわゆる「吉田ドクトリン」（親米＋軽武装）が真の意味で確立されたことを意味した。それは、敗戦以来の政治的理想の追求とは異なった意味での、ある種の「理想」の実現であった。

なぜなら、湛山が模索したような、敗戦にもかかわらず従属を拒んで独立を追求することのリスク――それは、先に述べたように、本土決戦をやり直すリスクを意味する――を回避しつつ、完全なる属国としてアメリカの要求に従い同盟国として血を流さねばならなくなるリスクもまた、回避されるからである。

周知のように、その果実は経済発展であり、一九六八年には資本主義諸国のなかでGNP（国民総生産）第二位の座を日本経済は獲得する。ここに、「平和と繁栄の時代としての戦後」はその成立を見る。「貧困と戦争の時代としての戦前」の日本との対照において、それは一種の理想であった。

▼戦後民主主義は「賭ける」に値する「虚妄」か

今日の視点から遡及的に見ると、六〇年安保は言論界の世代交代をも引き起こした。

象徴的な名前を挙げるならば、それは丸山眞男から吉本隆明へというかたちでの交代であった。この交代は、戦後啓蒙《けいもう》を担ってきた世代、すなわち戦前期にすでに十分に精神的知的成熟を果たしていた世代に挑戦するかたちで、戦中期を精神形成期として過ごさざるを得なかった世代が論壇の中心的な役割を果たすようになってきたことを意味した。

前者の世代にとっては、戦後民主主義は、それが「与えられた」性格を持つものだとしても、戦後日本の基盤として機能させるべき何物かであった。そのことは、かの「八月革命説」の創案者が丸山その人であったことによって象徴される。大正デモクラシーの時代を少なくとも雰囲気として知るこの世代にとっては、ポツダム宣言第一〇項、「日本国政府ハ日本国国民ノ間ニ於ケル民主主義的傾向ノ復活強化ニ対スル一切ノ障礙ヲ除去スベシ」における「民主主義的傾向ノ復活強化」が、感覚的に理解可能であった。それに対し、後者の世代にとって、青少年時代の日本は軍国主義一色に染め上げられていたために、およそ実感しがたいものであった。

この差異が、「アメリカの日本」という「戦後の国体」の構造に支えられた民主主義に対する感覚・評価の違いをもたらす。丸山眞男にとって、戦後民主主義はたとえ「虚妄」であっても「賭ける」に値する対象であったのに対し、吉本隆明にとって、それは唾棄すべき「擬制」にすぎなかった。

▼私的幸福への沈潜と公なるものに対するニヒリズム

この対立は、安保闘争の評価をめぐって表面化する。吉本隆明は、安保闘争は戦後民主主義の深まりと成果を示したという先行世代の議論を嘲笑的に批判して、こう述べた。

疑似市民が安保闘争のなかにつき動かされて出てくることに、必ずしもいい徴候を感じないいんですよ。そういう団地族やアパート族が家族の幸福を絶対的に追求する。天下がどうひっくり返ってもいい。おれに関係なければいいというところで追求するというほうがいいというのがぼくの考え方なんです。[2]

吉本の考えでは、戦後民主主義なるものに成果があるとすれば、それは、戦争体験と敗戦直後の混乱期の経験を通じて、「天下国家・公なるもの」の欺瞞性を日本人が徹底的に認識し、国家によってであれ党によってであれ、「公共の利益」の名のもとに動員されることを断固として拒むようになったことにほかならない。言うなれば、「公なるものに対するニヒリズム」が、戦後民主主義の成果なのである。

この感覚は、戦時中軍国青年として自らの戦死の運命を疑わず、敗戦後には突如「民主主義者」として振る舞いだした上の世代を見上げてきた経験から、育まれたものであっただろう。そして、私的幸福への沈潜は、結局のところ欺瞞に満ちた抑圧でしかない「公なるもの」へと動員されることよりもよほどマトモであり、そのような感覚を当時の日本人が戦後民主主義の成果として身に着けつつあるのだという吉本の時代判定は、「政治の季節から経済の季節へ」という安保闘争後の時代の転換に徴して、「安保闘争＝戦後民主主義の成果」という見方よりも正鵠《せいこく》を射ていた。

しかし、当時の吉本は、安保闘争での実践においては生活保守主義とは真逆の行動をとった。最も過激に行動した全学連主流派（＝ブント）に共鳴し、国会突入行動によって逮捕もされている。そして、吉本にとって、生活保守主義的であることと、最も過激に振る舞うことが矛盾でなかったのは、次のような論理によってであった。

安保闘争というものに参加しないで、家庭の幸福を追求していて、しかし全学連の主流派のラジカルな行動を直接的に支持するという声なき声があったと思うんですよ。[3]

吉本のこうした想定がどこまで正確であったかは不明である。注目すべきは、ここで吉本が、一見正反対に見える全学連主流派と生活保守主義者（平和と繁栄の享受者）との間に、表象代行関係を見ていることだ。

「天下がどうひっくり返ってもいい。おれに関係なければいい」と考える人々が安保闘争において取りうる行動があるとすれば、それは全学連主流派のそれであるはずだ、と吉本は主張している。つまり、吉本が加わった全学連主流派の行動の動機もまた、「公なるものに対するニヒリズム」であったと彼は事実上総括しているのである。[4]

この総括は、六〇年安保から七〇年代初頭にかけての新左翼のラディカリズムの内的論理を先取りするものであったのかもしれないが、それは内閉感を漂わせる。いかなる過激な行動も公共性に到達しない、言い換えれば十全な政治的意味を持ち得ないことが半ば自覚的に前提されているからである。

六〇年安保の後の全共闘運動の一部（代表的には連合赤軍）が傾倒していった軍事的なものについてのファンタジーは、事実上主権を自発的に放棄し、政治的理想が蒸発した「戦後の国体」の内部で唯一可能な（と彼らが考えた）政治の擬態ではなかったか。支配層が六〇年安保の危機を乗り切り、「戦後の国体」の構造が固まれば固まるほど、批判者たちは、戦後民主主義とその平和主義を抽象的に否定しなければならなかった。

2　政治的ユートピアの終焉

▼三島由紀夫が嫌悪した「戦後の国体」

「理想の時代」は、「戦後の国体」がさらなる虚構性とねじれを帯びてゆくなかで、その終焉の刻印を押されることになる。

さらなる虚構性とねじれを与えたものの代表を挙げるならば、それは非核三原則（一九六七年）と沖縄返還（一九七二年）であろう。

非核三原則は、いかなるかたちでも日本国は核兵器と関わらないことを宣言するものであるが、アメリカはそれ以前も以後も日本に核兵器を持ち込む事実上のフリーハンドを持っていると見られ、その内実は全くの骨抜きのものにすぎなかった。そして、沖縄返還の内実も、「核抜き本土並み」のスローガンとは全くかけ離れたものにすぎなかった。

しかし、表向きには、非核三原則は、「唯一の被爆国」として世界で最も徹底した反核主義の姿勢をとる平和国家としての外観を獲得させ、沖縄返還は、敗戦によって失われた領土・国民のほぼ最終的な回復を意味した。つまり、この時戦後日本は、イデオロギーの水準（平和主義）と空間の水準（沖縄）の両面で、再編されたアイデンティティを確固たるものとした。

この状況に深く苛立った人物のひとりが三島由紀夫であった。三島は、死の三ヵ月前に次のように書いている。

私はこれからの日本に大して希望をつなぐことができない。このまま行つたら「日本」はなくなつてしまふのではないかといふ感を日ましに深くする。日本はなくなつて、その代はりに、無機的な、からつぽな、ニュートラルな、中間色の、富裕な、抜目がない、或る経済的大国が極東の一角に残るのであらう。それでもいいと思つてゐる人たちと、私は口をきく気にもなれなくなつてゐるのである。[5]

ここで三島が心底嫌悪している空虚な「経済的大国」こそ、「アメリカの日本」としての「戦後の国体」という選択によって可能となった果実であった。三島の脳裏を常に去らなかったのは、膨大な数の彼と同世代の戦死者たちであったことは確実と思われる。「こんなもののために彼らは死んだのか？」――この憤りが、最終的には作家を決起へと至らしめ、憤死をもたらした。

言うまでもなく、今日、三島が悲観した状況よりも、情勢はさらに悪化した。なぜならもはや、経済的繁栄も失われつつあるからである。

▼右からの大逆――三島の決起と自決

一九七〇年一一月二五日、三島はあの衝撃的な事件を引き起こす。三島の決起は、巨大な謎として残り続け、今日でもその解釈論議は延々と続いている。動機について疑問とすべき点は多々あるが、ひとつには憲法問題がある。

三島の檄文を表層的に読めば、「改憲を訴えて三島は憤死した」という解釈は成り立つ。しかし、今日の日本会議系の論者の改憲論のごとき、「戦後の国体」の次元を不問にしたままの憲法談議などに、三島ほどの知性がのめり込むことなどあり得ただろうか。

三島は、檄文で「あと二年の内に自主性を回復せねば、左派のいふ如く、自衛隊は永遠にアメリカの傭兵として終るであらう」[6]と言っている。奇しくも、三島自決の二年後に起きた出来事は沖縄返還であるが、返還を経ても同地に巨大な米軍基地が残され続けることにより、三島の言葉は自衛隊の運命を言い当てることとなった。

そして、今日の視点から見て、三島の檄文において最も不可解であるのは、決起の前年に当たる昭和四四（一九六九）年一〇月二一日という日付への非常に強いこだわりである。

しかるに昨昭和四十四年十月二十一日に何が起つたか。総理訪米前の大詰ともいふべきこのデモは、圧倒的な警察力の下に不発に終つた。その状況を新宿で見て、私は、「これで憲法は変らない」と痛恨した。その日に何が起つたか。政府は極左勢力の限界を見極め、戒厳令にも等しい警察の規制に対する一般民衆の反応を見極め、敢て「憲法改正」といふ火中の栗を拾はずとも、事態を収拾しうる自信を得たのである。治安出動は不用になつた。政府は政体維持のためには、何ら憲法と抵触しない警察力だけで乗り切る自信を得、国の根本問題に対して頬つかぶりをつづける自信を得た。これで、左派勢力には憲法護持の飴玉《あめだま》をしやぶらせつづけ、名を捨てて実をとる方策を固め、自ら、護憲を標榜することの利点を得たのである。（中略）

銘記せよ！　実はこの昭和四十四年十月二十一日といふ日は、自衛隊にとつては悲劇の日だつた。創立以来二十年に亘《わた》つて、憲法改正を待ちこがれてきた自衛隊にとつて、決定的にその希望が裏切られ、憲法改正は政治的プログラムから除外され、相共に議会主義政党を主張する自民党と共産党が、非議会主義的方法の可能性を晴れ晴れと払拭した日だつた。[7]

一〇月二一日は国際反戦デーであるが、全共闘運動が盛んであり、ベトナム反戦運動も高揚していたなかで、三島はこの日に左翼勢力と政府の間で、六〇年安保に匹敵する大規模な争乱が起こることを期待していたと見受けられる。そして、六〇年安保ではすんでのところで踏みとどめられた自衛隊の治安出動が、今回は実現されることを期待していた、と檄文を文字通りに取れば読める。しかし、自衛隊が治安出動することと、憲法改正が直接つながる必然性はない。

これらの不可解な点をめぐって、英文学者・鈴木宏三《こうぞう》は、大胆な、しかし緻密に構成された仮説を提示している。それによれば、一九六九年一〇月二一日に自衛隊が治安出動する事態となれば、三島由紀夫は楯の会のメンバーを率いて皇居に突入し、昭和天皇を殺したい、という願望を持っていたのではないかという。この宿願が潰えたために、一九六九年一〇月二一日は激しい失望を三島にもたらし、市ヶ谷駐屯地への突入はこの計画の代わりとして案出されたものだったのである、と。[8]

無論、鈴木も認めている通り、この議論は一個の仮説であり、完全に裏づけることはできない。しかし、三島の『英霊の聲《こえ》』に示された激しい天皇批判が、「天皇が神たるべき時に神たらなかった」という命題に約言されるならば、「戦後の国体」の作り手としての天皇にも、同じ批判は向けられうるであろう。仮に三島の本望が大逆であったのだとすれば、それは、「擬制の終焉」（吉本隆明）どころか、擬制が現実を覆い尽くさんとするなかで、擬制の核心と我が身をもって文字通り斬り結ぶ行為であった。

▼左からの大逆——連続企業爆破事件と天皇暗殺未遂事件

三島由紀夫の行動に「右からの大逆」の意図が密かに込められていたのだとすれば、同時期に起こり、この時代の終焉を告げた「左からの大逆」と呼びうる出来事が東アジア反日武装戦線による連続企業爆破事件と天皇暗殺未遂事件（「虹作戦」）であった。

これらの事件は、大きな被害を出したにもかかわらず、同時期の左翼過激派による事件

――連合赤軍事件や、日本赤軍による海外でのテロ活動――に較べて、今日では格段に言及されることが少ない。

一九七四年八月三〇日の三菱重工本社（東京・丸の内）の爆破を皮切りに、翌年五月一九日に主要メンバー多数が一斉逮捕されるまでに、三井物産、帝人、大成建設、鹿島建設、間組《はざま》、オリエンタルメタルの計六社の本社や関連施設などが、爆破攻撃を受けた。

とりわけ多くの犠牲をもたらしたのは三菱重工爆破事件であり、通行人を含む八名が死亡、負傷者は三五〇名を超えるという、オウム真理教による毒ガステロ事件が発生するまでは、戦後日本で最大の被害を出したテロ事件であった。

この事件において特徴的であったのは、犯人グループの理論と実践の徹底性である。多数の「普通の人々」を巻き込んだ三菱重工爆破事件では、一般社会のみならず左翼勢力からも激しい批判を浴びたが、彼らは次のような犯行声明を出して反論した。


一九七四年八月三〇日、三菱爆破＝ダイヤモンド作戦を決行したのは、東アジア反日武装戦線〝狼〟である。三菱は、旧植民地主義時代から現在に至るまで、一貫して日帝中枢として機能し、商売の仮面の陰で死肉をくらう日帝の大黒柱である。今回のダイヤモンド作戦は、三菱をボスとする日帝の侵略企業・植民者に対する攻撃である。〝狼〟の爆弾に依り、爆死し、あるいは負傷した人間は、「同じ労働者」でも「無関係の一般市民」でもない。彼らは、日帝中枢に寄生し、植民地主義に参画し、植民地人民の血で肥え太る植民者である。〝狼〟は、日帝中枢地区を間断なき戦場と化す。戦死を恐れぬ日帝の寄生虫以外は速やかに同地区より撤退せよ。〝狼〟は、日帝本国内、及び世界の反日帝闘争に起ち上っている人民に依拠し、日帝の政治・経済の中枢部を徐々に侵食し、破壊する。また「新大東亜共栄圏」に向って再び策動する帝国主義者＝植民地主義者を処刑する。最後に三菱をボスとする日帝の侵略企業・植民者に警告する。海外での活動を全て停止せよ。海外資産を整理し、「発展途上国」に於ける資産は全て放棄せよ。この警告に従うことが、これ以上に戦死者を増やさぬ唯一の道である。[9]

　彼らの論理はおおよそ次のようなものだった。大日本帝国の帝国主義は、敗戦によって打撃を受けたものの、その罪の総括と償いの義務をあやふやにやり過ごした。それは、日米安保体制の庇護下で復活を遂げ、かつての植民地帝国の版図内で再びその人民や資源を搾取している。戦後日本の経済発展とは、まさにこのことの成果にほかならない。

　三菱重工や三井物産が標的とされたのは、これら財閥資本が明治維新以来の日本版軍産複合体の中核に位置する企業であり、あの戦争をもたらし受益した責任を問われるべきであるにもかかわらず、ほとんど無傷で生き残り、戦後もまた日本資本主義の中核的企業グループを成しているためであった。

　また、ゼネコン企業が多く標的とされたのは、これら建設業者が、アジアへの再進出を果たしつつあるだけでなく、戦時中に花岡事件を起こした鹿島建設に代表されるように、植民地住民や捕虜の奴隷的使役、時に虐殺を行ないながら、その責任から逃れ続けてきた日本企業の代表的存在だからである。

　かくて、戦後日本は「世界帝国主義の中枢に位置する」[10]帝国主義国家であり、その住民は、たとえ小市民であっても、「日帝中枢に寄生し、植民地主義に参画し、植民地人民の血で肥え太る植民者」であり、彼らの爆弾によって殺傷されても、無辜《むこ》の犠牲者などではない、とされる。

　六〇年安保当時の、最も過激な左翼活動家と最も強固な生活保守主義者の心情は通底すると論じた吉本隆明の見解と、「小市民＝日帝の寄生虫」と定式化する東アジア反日武装戦線の見解の落差には、瞠目《どうもく》させせられる。敗戦以来の革命的民主主義改革の流れがついには「擬制」を露にすることに終わったことを目撃した吉本が、左翼過激派のニヒリズムと生活保守主義者のニヒリズムとの暗黙の同盟に彼の政治的賭金を置いたのに対して、東アジア反日武装戦線のメンバーにとっては、後者は単に殺害されるべき存在、端的な敵となった。

両者の間に横たわっているのは、高度経済成長である。「公なるものに対するニヒリズム」が新しい政治的共同性の次元を準備しうるのではないか、と六〇年の吉本は期待し得た——それが希望的観測にすぎなかったとしても。対照的に、東アジア反日武装戦線において、新しい政治的共同性の次元、すなわち「理想の時代」を支えてきたユートピア的なものへのヴィジョンは、消え去り、ひたすらに血腥《ちなまぐさ》いイメージへと転化している。それは、彼らにとっては、高度成長の果実を享受しつつあった日本の日常生活(三島が憎んだ物質的ユートピア)の陰画であっただろう。

もっとも、無差別テロを是認する論理については彼ら自身が後に撤回し、三菱重工爆破事件以降の事件では一般人犠牲者が出ないように爆破を行なうようになる。そもそも、三菱重工の件では、爆弾の威力を見誤り、多数の犠牲者が出たことは彼らの想定外であったのだった。実は、この時に用いられた爆弾は、天皇を乗せた列車を鉄橋上で爆破し、暗殺する（＝虹作戦）ために準備されたものであった。この試みが失敗に終わったために、三菱重工の爆破に転用されたのである。

彼らにとって、昭和天皇は、かつての大日本帝国の帝国主義のシンボルであると同時に、戦後も君臨していることによって、再建された日本帝国主義のシンボルであり、それを殺害することは「日帝の歴史、日帝の構造総体に対して〝おとしまえをつける〟こと[11]」として認識されていた。

かくて、偶然も介在するかたちで、企業が攻撃の対象となった。戦後の左翼が「反資本」をどれほど強調しても、端的に企業に爆弾が投げつけられたことはなかった。東アジア反日武装戦線は、その実践への取り組み方についても、同時代の武闘派を標榜した他の極左諸党派に比してはるかに徹底的かつ直接的であった。

彼らの発行した小冊子『腹腹時計』には、爆弾等の武器製造の平明な解説のみならず、都市ゲリラを闘うための組織上の技術論や生活態度や人間関係上の諸注意等がきわめて具体的に述べられており――完全に「普通の市民」として生活していると周囲から見られるよう指示している――、公安警察関係者もその有効性を認めたという。

その方法論は、連合赤軍事件を反面教師とするものだった。『腹腹時計』は、「左翼的粋がりを一切捨て去れ」と説いているが、それは「左翼的粋がり」の極致のごとき自滅に陥った連赤を横目に、「本当の敵にまでたどり着け」と命ずるものだった。

▼第二、第三の〈狼〉

先にも述べたように、東アジア反日武装戦線を世論は激しく指弾した。議会主義を基礎とする旧左翼（社会党・共産党）だけでなく、新左翼諸党派もこれに加わった。東アジア反日武装戦線にとって、それは織り込み済みではあっただろう。『腹腹時計』では「合法的左翼との関係について」、「職場に於いて、学校に於いて、居住地に於いて、彼らとの関係は原則的に厳禁である。彼らの圧倒的大部分は、徹底的に質が悪い。口も尻も軽すぎて、全く信用できぬ代表的部分である」、「彼らとの関係の中で、組織の拡大、強化などを考えるのは全くの幻想である[12]」と述べており、もはやいかなる同志的関係の可能性も認めていないからである。

このように、彼らは世間から理解を拒絶されることをもとより覚悟していたわけだが、その予想通りに、鈴木邦男の言葉によれば、マスコミは「『彼らは気違いだ』『人間ではない』といった、ヒステリックな糾弾キャンペーン一色」[13]となった。

だが鈴木いわく、全く別の反応もあったのだという。犯人逮捕後、救援連絡センターには異例なほどに多額の救援カンパや物資の差し入れが集まっていたという。しかし、そのような状況は報道されない。その理由を鈴木は次のように指摘している。

すなわち、〈気違い〉にすることによって、彼らの思いつめた背景も、理論も無視することが出来るからである。（中略）
あの三島事件の時も、〔日本赤軍の〕テルアビブ事件の時も、そうであった。新聞は、〈右傾〉サンケイから左傾〈朝日〉まで、全て同じ論調で、今回と同じ「気違い」キャンペーンを張っていた。（中略）
そして、ただ、〈狼〉の諸君を、そう糾弾して片づけ、終ったつもりでも、問題は何ら解決はしていないし、このままの状況では第二、第三の〈狼〉がまた出るだけである。[14]

鈴木の言うようには、「第二、第三の〈狼〉」は出なかった。しかし、東アジア反日武装戦線が過激な方法によって提起した問題は、「何ら解決はしていない」がゆえに、形を変えて今日まで埋火のようにくすぶり続けている。

日本帝国主義の「おとしまえをつける」とは東アジア反日武装戦線が好んで用いた表現だが、「敗戦の否認」に基づく「戦後の国体」の形成と発展とは、まさにこの「おとしまえをつける」ことから逃避することにほかならない。その意味で、問題は何ら解決されなかった。

そして、「第二、第三の〈狼〉」は「形を変えた」というのは、東アジア反日武装戦線のような日本人による思いつめた自己批判ではなく、あの戦争の未処理の問題を、被害者自身が追及するようになったということだ。一九九五年には、花岡事件に関して鹿島建設（旧鹿島組）が損害賠償請求訴訟を起こされ、二〇〇〇年に和解金五億円を支払うことになったことはその一端であり、日韓間の懸案であり続けている従軍慰安婦問題はその典型である。

つまり、この時には、日本社会は東アジア反日武装戦線の行為の動機を単なる狂気として片づけることによって、過激な仕方で提起された問題を同時に片づけることができた。しかし、それは、「戦後の国体」（＝永続敗戦レジーム）がその存立基盤を徐々に失うにつれて、片づかない問題として姿を現している。

▼なぜ「自立した日本帝国」を措定したのか

東アジア反日武装戦線の理路には、さらに読み取られるべき特徴がある。

彼らは労働者階級も含む日本人の責任（戦争責任と戦後の日本帝国主義への加担と受益）を強調したが、この論理は、六〇年安保以来の新左翼の主張の延長線上にあった。六〇年安保を契機として登場する新左翼は、「反米愛国」の標語、すなわち日本はアメリカ帝国主義によって支配された従属国であり、その軛から脱さなければならないとする既成左翼（日本共産党）の掲げた標語に対抗するかたちで「日帝自立論」を唱えた。これは、戦後日本がすでに自立した帝国主義国家と化していると見る立場である。

戦後日本を「日帝本国」と呼び、労働者階級まで含めた日本人全体を「帝国主義本国人」と呼ぶ東アジア反日武装戦線が、日帝の草刈り場たるアジア諸国民への「血債」の返却を迫るのは、この立場を真《ま》っ直《す》ぐに敷衍したものである。

今日奇妙に映るのは、なぜこれほどまでに戦後日本の「自立性」が強調され得たのか、ということだ。現に、「全土基地方式」によって、潜在的に全国土を基地としてアメリカに供しなければならない条約上の義務を負っている国が自立した帝国主義国家である、などということがありうるのか。

してみると、六〇年安保闘争を根っこのところで衝き動かした動機が占領者としてのアメリカに対する反感であったとすれば、この自立性の過度の強調はナショナリズムの無意識的な発露であったようにも思える。

すでに「反米愛国」のスローガンを共産党によって取られており、新左翼が共産党への反発から生まれた存在であったために、「戦後日本の帝国主義はすでに完全に自立した存在である」との擬制が必要とされた。

▼「理想の時代」のエンドロール

とはいえ、六〇年安保から約一五年を経て、日帝自立論は相対的に現実に近づいていた。大戦終了から二五年以上の月日が流れるなかで、日本や西ドイツをはじめとするヨーロッパ諸国の経済発展は目覚ましく、アメリカとそれらの国々との経済的地位関係は大きく変わる一方、ベトナム戦争は泥沼化していた。要するに、アメリカの圧倒的な覇権が揺らいできたのであり、その最も明白な表れが、一九七一年のふたつのニクソン・ショックであった。

ゆえに、三島由紀夫の死と東アジア反日武装戦線のテロリズムは、政治的ユートピアを求める「理想の時代」の終焉を、言い換えれば、「アメリカの日本」である現実に対する原理的な異議申し立ての終焉を意味したのと同時に、来たるべき「アメリカなき日本」の時代への移行を刻印する。

右と左からの「ふたつの大逆」の試みは、「戦後の国体」が安定した発展の軌道をたどるなかで、いずれも単なる狂気として片づけられた。三島にとってみれば、そのような祖国はもはや生きるに値しないものであった。というのも、「アメリカの日本」が明白に見える時代であればそれへの反逆も可能であるが、「アメリカなき日本」――もちろんそれは虚構にすぎないのであるが――においては抵抗の原理は蒸発するからである。

出口のない、完成された擬制のど真ん中で、三島は自らに刃を突き立てた。それはあたかも、虚構的存在となった祖国の有り様を自己自身に集約させ――言うまでもなく、楯の会結成から自決に至る途上の三島の姿は極度に芝居がかっていた――、それを切り裂くことによって、虚構から腸をえぐり出そうとするかのごとくであった。他方、東アジア反日武装戦線は、錯雑した支配と搾取の関係という現実を「完全に自立した日本の帝国主義」、すなわち「アメリカなき日本」という擬制へと純化し、そうすることによって全面的に吹き飛ばすほかないものとして彼らの観念のなかで結晶させたのであった。

第七章　国体の不可視化から崩壊へ

（戦前レジーム：相対的安定期～崩壊期）

1　戦前・戦後「相対的安定期」の共通性

▼「戦前レジーム」と「戦後レジーム」の並行性

本章では、「戦前レジームの相対的安定期」と「崩壊期」、すなわち「天皇なき国民」から「国民の天皇」へと向かう時代を概観する。この流れは、「国体」の希薄化から国体原理の反転、そして「国体」の崩壊へと至る過程である。

本論に入る前に、「戦前レジーム」と「戦後レジーム」の相対的安定期における共通点を確認しておきたい。両時期には、次のような四つの共通点を見出すことができる。

①　国体の不可視化と存在理由の希薄化

第一に、「国体の形成期」を終えて、天皇制と呼ばれる社会的政治的構造が、一種の相対的安定段階に達した結果として不可視的になることが、この時期の共通の特徴である。というのも、先立つ「形成期」すなわち「理想の時代」において追求された目標が、あるかたちで達成されたことが意味するのは、「国体」のそれまでの存在理由が薄らぐということであるからだ。

戦前レジームの相対的安定期にあっては、このことは天皇制の希薄化として現れ、病弱で存在感の薄い天皇（大正天皇）のキャラクターが、それを象徴する。

戦後レジームの相対的安定期の場合は、「国体」の頂点に立つアメリカのプレゼンスの低下が、同様の状況として指摘されうる。一九七一年のニクソン・ショック（金ドル交換停止）によって劇的に表面化したアメリカの経済的衰退と表裏をなすがごとく、戦後日本経済は発展して行った。

一九七三年のオイル・ショックは、日本の高度経済成長（成長率年一〇％以上）の時代に終止符を打つが、七〇年代に欧米の先進資本主義諸国が軒並み低成長とスタグフレーションに苦しんだのとは対照的に、日本経済は比較的高い成長を維持する。その究極的な帰結が、バブルの好景気に沸く日系資本が、アメリカの象徴的なランドマークや企業を次々に買収するという光景であった。

②　国際的地位の上昇

次いで指摘すべきこの時期の第二の共通特徴は、いずれも日本の国際的地位が著しく高まった時期であるということだ。

戦前レジームの場合では、日露戦争の勝利を受けて日本は世界有数の植民地帝国となり、第一次世界大戦を機としてさらにその勢力を拡大する。そして、一九二〇年に発足する国際連盟では、常任理事国の地位を獲得することになる。

戦後レジームの場合、日本は経済大国化しただけでなく、自由主義陣営におけるアジア最大の勢力として、「冷たい戦争」の勝者となる。それは、長らく「国体の敵」であった共産主義に対する終局的な勝利も意味した。

③　国体の自然化・自明化

このような日本の国際的プレゼンスの上昇が、第一の特徴として指摘した「国体の不可視化」に貢献したことは疑いない。しかし、三つ目の共通点として即座に指摘しなければならないのは、「国体の不可視化」とは、「国体の清算ないし無効化」を意味するものではさらさらなく、むしろ不可視化することによって、それは一層強化され深く社会的に浸透した、ということである。

その意味で、不可視化とは、自然化であったとも言える。意識されなくなるほど、「国体」が自明化したということだ。大正デモクラシーの「主権の所在を問わない民主主義」の理論は、このことを典型的に示すものである。

他方、戦後レジームの場合では、それは「アメリカ的なるもの」の自明化として現れる。先に述べたように、戦後日本への「アメリカ的なるもの」の流入は、「暴力としてのアメリカ」と「文化としてのアメリカ」の二面性を持って生じたが、前者の側面の脱色は、この時代において頂点に達する。

「理想の時代」における政治的ユートピアの追求の拠《よ》り所《どころ》のひとつが反米主義であり、それは対米従属という現実への反作用であったが、占領期以来の革命を標榜してきた運動の挫折は、この「国体の相対的安定期」に反米主義というイデオロギーの存在可能性を侵蝕していった。

それと同時に、高度経済成長が国民の物質的生活を一新するなかで、消費社会におけるアメリカニズムのさらなる浸透が進行する。つまり、政治的にも文化的にも、「アメリカニズムの外部」は存在しないということが世界観の自明的な前提となったのが、この時代である。だから、「理想の時代」の末期における政治運動の自滅的な過激化は、逆に言えば、この外部喪失に対する絶望を表現する反応であった。

④　主体的な選択の放棄と国際的地位の凋落の遠因

そして、第四の点として挙げなければならないのは、第二の共通点の裏面として、この時代において、後の蹉跌《さてつ》をもたらす遠因が見出されるということだ。言い換えれば、国際的地位が向上し影響力が増大した時期に、進むべき方向性を主体的に、また創造的に選びとることに失敗したからこそ、この後の「国体の崩壊期」が非常に困難な時代となる。

無論、こうした見方は後知恵に基づくものだ。しかし、このことは、「国体の不可視化」が「国体の失効」ではなく「国体の自明化」であったことの直接的帰結であることは、指摘しておかねばならない。

「国体」は「坂の上の雲」――明治レジームにあっては独立の維持と「一等国」化、戦後レジームにあっては敗戦からの再建と先進国化――に到達するために必要とされた。それらの目的が達成された以上、国体はある意味で清算されなければならなかったはずである。だが国体の不可視化は疑似的な失効をもたらしはしたが、結局のところ、国体は「自然化」されたにすぎなかった。

このことは、対内対外両面で政策の方向選択の誤りを導き、次なる「国体の崩壊期」において深刻な帰結をもたらすこととなる。われわれは、最も大きな力を持った時に、その力をどう用いるべきかに関して構想力を欠き、したがって無力だったのである。われらは最も富める時にあまりに貧しく、この貧しさにこそ、国体による国民統合の限界が表れている。

2　明治レジームの動揺と挫折

▼「臣民としての国民」から「個人と大衆」へ

第三章に述べた通り、日露戦争の終結から大逆事件に至る時代は、「戦前の国体」の「形成期」から「相対的安定期」への転換期にほかならなかった。

教科書的に言えば、この転換期とは、明治時代の有司専制政治から大正デモクラシーへの転換を準備するものである。大正デモクラシーの時代は、それが軍部によって打倒されるまで[1]、「憲政の常道」に基づく政党内閣が常態化した、明治憲法体制下において最も安定した民主政治が行なわれた期間であるとされる。

しかし、この転換期の時代に流れた雰囲気は、「安定した民主政治の幕開け」とは程遠い、不安感と焦燥感に満ちたものであった。ポーツマス講和条約への不満が暴発した日比谷焼き打ち事件（一九〇五年）後の時代の空気について、政治思想家の橋川文三は次のように述べている。

> 日本国民がほとんど三十年にわたって信奉してきた国家目標、もしくは人間目標に対して、はじめて漠とした疑惑をいだき始めたということであった。[2]

第三章でも触れたように、乃木希典の生と死によって体現されたような個人の人生と国家の命運とが完全に一体化した境地は「どうもはっきりのみこめない」（芥川龍之介）ものとなった。言い換えれば、明治レジームが規定した「臣民としての国民」というカテゴリーに代わって、「個人と大衆」が堰《せき》を切って歴史の舞台へと登場した。

権力側から見れば、この状況は「思想問題」としてとらえられ、これへの対処として、天皇を中心とした国家発展への一致協力を国民に求める戊申《ぼしん》詔書（一九〇八年）が発せられる。しかし、その効果は薄かった。橋川によれば、「すでに明治国家には昔日の権威は失われていた。維新以来培養増殖されてきた藩閥勢力と、その庇護下に養成された官僚勢力によって操縦されることに国民はすでに厭きていた」[3]からである。

▼「国民の天皇」の起源

国体の「形成期」から「相対的安定期」への移行期に生じたこの状況に対して天皇制国家が取ったさらなる手段は、明治レジームの強権的性格の一層の強化でしかなかった。

その端的な現れが、明治の末の大逆事件であるが、フレーム・アップを主導した山県有朋らは、無政府主義者と社会主義者がいずれ国体に対する不倶戴天の敵となることを見越して、先制的にこれを抑圧したのであった。

この事件に対する世論の反応には、天皇制の両義性が色濃く現れていた。歴史家の伊藤晃《あきら》は、北一輝の唱えた「国民の天皇」の概念を念頭に置きつつ、明治憲法そのものにおいても、「天皇が国民を《天皇の国民化》する」ベクトルだけでなく「国民が天皇を《国民の天皇化》する」というベクトルが存在していたと論じている。

大日本帝国憲法発布のさいの勅語はつぎのように言う。「惟《おも》フニ我カ祖我カ宗ハ我カ臣民祖先ノ協力輔翼ニ倚《よ》リ我カ帝国ヲ肇造シ以テ無窮ニ垂レタリ」。つまり君民一体、万民翼賛あっての万世一系だということだ。ここに国民は上も下も国家の認められた一員だという観念が生れるとすれば、その媒介者天皇はまさに、国民国家形成の精神的「機軸」（伊藤博文）の位置にあったのである。「国体」はここで国民思想化されたのだ。[4]

幕藩体制においては、身分制度によって「分際をわきまえる」よう命ぜられつつ分断され、せいぜい封建諸侯の領民という、空間的に狭隘な共同体の構成員としてのアイデンティティしか持ち得なかった人々が、近代国民国家の形成によって、都鄙《とひ》貴賤にかかわらず「国家の認められた一員」（＝天皇陛下の赤子たる臣民）としての拡大されたアイデンティティを獲得してゆくということが、明治期以来生じた出来事であった。

天皇はこのアイデンティティ形成の媒介者であり、維新以来繰り返された地方行幸等の天皇が大衆に身をさらすイベントにおいては、天皇がまさしくこの国民国家形成のための媒介（メディア）の役割を物理的に果たしたのであった。そしてもちろん、第三章で触れた「御真影」は、そのような「天皇のメディア化」を写真や印刷といったテクノロジーの力を借りて一層推し進めたものにほかならない。

このように、天皇によって承認された公民（＝臣民）の翼賛、輔翼によってこそ国体が成り立つのだとすれば、たとえそれが幾重にも抑圧されたものであったとしても、明治憲法そのもののなかに、「国民が天皇を《国民の天皇化》する」原理が含まれていた。後に見るように、この原理の論理的帰結を誰よりも非妥協的に追求したのが北一輝であった。

▼明治国家自身による挫折

右の視角から見た時、大逆事件はある意味で「明治国家自身による明治レジームの挫折」として浮かび上がってくる。

なぜなら、公式イデオロギーによれば、日本国民たるもの「天皇の赤子」として積極的に国体を翼賛すべき臣民であるのにもかかわらず、そうしないどころか、大逆の欲望を持ってしまう国民が存在することを大逆事件は明らかにした——しかもそうした存在をわざわざ捏造することさえもあえてして——からである。言い換えれば、公式イデオロギーと現実が乖離していることを、国家自らが進んで告白している。徳冨蘆花が幸徳秋水を擁護した講演「謀叛論」に言及して、伊藤晃は次のように述べている。

蘆花は、明治維新が日本人に対して明るい気分、高らかな意気を与えた、と一貫して考えている。それを導いた維新の志士たちの功績を強く讃える。そして幸徳秋水たちについては、蘆花自身とは異なる立場であるけれども、維新の志士を引き継いで自由平等の新天地を夢見たものだ、と見ている。こういう明治維新観からして、蘆花は、明治天皇には幸徳のような社会主義者たちを抱擁するところがあってほしい、また天皇は必ずやそうするであろうと考える。ところが現実には、幸徳たちは天皇の名による裁判で死刑になった。なぜこんなことになってしまったか。天皇の周囲がよくないからだ。天皇の下で権力を握ってこれを行使している連中が、志士であるものを乱臣賊子扱いして圧迫した結果、とんでもない行動に彼らを走らせてしまった。結局これは、天皇を取り巻く連中が天皇の徳を傷つけたものではないか。これが蘆花の強く主張したいところであった。[5]

徳冨蘆花の議論は、「戦前の国体」の「形成期」における福沢諭吉の『丁丑《ていちゅう》公論』（一八七七年、公表は一九〇一年）を継承するものとも見なせよう。福沢は、西南戦争を起こした西郷隆盛を、意見は異なるがその抵抗の精神において弁護すべきであるとした。

当時の世論は圧倒的に西郷批判に傾いていた。そのなかで密かに書かれた福沢の議論は、国体が形成されてゆく過程で、裏を返せば、いまだ国体が安定を得ておらず、さまざまな潜在的可能性を残していた時期において、その多様な可能性がただひとつの必然性へと強圧的に収斂させられることで社会が逼塞してゆくことに対する警告であった。

革命政権が革命の要素を絶滅させたならば、それは自己更新の機縁を失って必ず腐敗堕落する。こうした論理によって福沢は、明治国家は謀叛人となった西郷を抱擁すべきだと論じたのである。

▼徳冨蘆花の議論の先見性

それから三十年余りを経た徳冨蘆花の議論には、後代に接続するふたつの点があることが指摘されるべきであろう。

第一には、国体は叛逆者をも抱擁すべきであるという蘆花の問題提起は、後の「転向者の扱い」において、ある一定の仕方で実現されたということだ。

治安維持法下において、特高警察・思想検察は、拷問・虐殺というハードな手段と同時に、温情をもって接することで「主義者」を「改悛」させ「善導」するという方法を、より高度な手法として採用した。それは、共産党最高幹部の佐野（学）・鍋山（貞親《さだちか》）転向声明とそれに伴う大量転向というかたちで「成果」をあげることとなる。

第二に、後に、暴力（テロリズム、クーデタ）によって「国民の天皇」を実現しようとする者の論理である。すなわち、「よくない天皇の周囲」＝「君側の奸」を討てば、「本来の天皇の政治」が実現するはずだという論理である。

この二点において、蘆花の議論は予見的であった。しかし、とにもかくにも、幸徳秋水は天皇から抱擁されず、それによって大逆事件以前においてはおそらくさほど固まっていなかった「天皇制との対決」の必然性という思想を固めることとなる（幸徳の遺著『基督抹殺論』、一九一一年）。

他方、大正デモクラシーの発展は、「抱擁」の間口を相対的に広げさせることとなる。しかし、世界恐慌以降の情勢の悪化による大衆の不満を包摂しきれなくなった時、「国民の天皇」を実現せんとする動きは、直接的暴力にその手段を見出すこととなる。

3　「国民の天皇」という観念

▼米騒動と朝日平吾の安田善次郎刺殺事件

戊申詔書や大逆事件による締めつけが図られても、明治国家体制の支配構造の動揺は鎮められるどころか、激しくなった。その最も見やすい現れは一九一三年の大正政変である。「閥族打破、憲政擁護」を掲げた大衆運動が第三次桂太郎内閣を総辞職に追い込み、これを契機として軍部大臣現役武官制は緩和された。藩閥寡頭勢力が天皇の権威を囲い込むことで「天皇の国民」を一方的な被支配者として扱うという統治構造は、その被支配者たちの反発によって限界を迎えていたのである。

この状況をさらに加速させたのは、第一次世界大戦である。ロシアでは戦時中に革命が発生し帝政が打倒され社会主義政権が成立しただけでなく、大戦の帰結として、明治日本が範を取ったドイツをはじめいくつもの国で君主制が倒れた。こうした情勢下で、天皇制国家の支配層としては、君主制の世界的危機を感じないわけにはいかなかった。明らかに、

「天皇の国民」という国家と国民の関係性は、再編の時を否応なく迎えていた。

　大正政変から五年を経て、さらにその危機は、一層明白なかたちをとる。ロシア革命に対する干渉戦争、シベリア出兵によって、折から上昇していた米価が暴騰し、米騒動が発生する。全国で数十万から数百万もの人々が自然発生的に蜂起したと言われるこの事件は、時の寺内正毅《まさたけ》内閣を退陣に追い込み、初の本格的政党内閣である原敬《たかし》内閣を生んだだけでなく、支配層に対して巨大な衝撃を与えた。米騒動は、無名の怒れる大衆が国家権力と暴利をむさぼる資本に対して何をなしうるのかを突きつけたのであった。

　そして、この時代において画期を成す事件として度々言及されるのが、一九二一年に起こった、朝日平吾《へいご》による安田善次郎刺殺事件である。

　この事件は、表面的に言えば、何をやっても上手くいかない鬱屈した三一歳の青年が、富豪に対して逆恨みの感情から憎悪をたぎらせ、殺害し、自分も自殺したというものにすぎない。しかし、朝日の遺書が公表されて以降、この事件に対する当時の世間の反応は激しく、橋川文三の考えでは、この事件こそ昭和初期のテロリズムの先駆けとなったという。

▼朝日平吾のモダンかつアルカイックな権利主張

朝日の遺書、「死の叫び声」は、次のような一節によって始まる。

日本臣民は朕が赤子なり、臣民中一名たりともその堵に安んぜざる者あればこれ朕の罪なり……とは先帝陛下のお仰せなり。歴代の天皇もこの大御心をもって国を統《す》べさせたまい、今上陛下も等しくこれを体したもうものにして、一視同仁は実にわが神国の大精神たり。[6]

ところが、「されど君側の奸《かん》陛下の御徳を覆い奉り、自派権力の伸張を計るため各々閥を構え党を作しこれが軍資を得んため奸富《かんふ》と賊誼《ぞくぎ》を結び、奸富《かんふ》は利権を占めんためこれに応じ、その果は理由なき差別となり、上に厚く下に薄く貧しき者正しき者弱き者を脅し窘《きん》虐《ぎやく》するに至る」[7]という現実が目の前にある。

朝日は、続いて具体名を挙げて、元老政治家、政党、財閥等の支配層を軒並み罵倒している。とりわけ印象深いのは、貧困と不平等を告発する次のような一節である。

過労と不潔と栄養不良のため肺病となる赤子あり。夫に死なれ愛児を育つるため淫売となる赤子あり。戦時のみ国家の干城《かんじょう》とおだて上げられ、負傷して不具者となれば乞食に等しき薬売りをする赤子あり。いかなる炎天にも雨風にも右に左にと叫びて四辻に立ちすくむ赤子あり。食えぬつらさに微罪を犯し獄裡《ごくり》に苦悩する赤子あり。これに反し大罪を犯すも法律を左右して免れ得る顕官あり。高等官や貴族や顕官の病死は三段抜きの記事をもって表彰され、国家交通工事のため惨死せし鉄道工夫の名誉の死は呼び捨てにて報道さる。社会の木鐸《ぼくたく》なりと自称する新聞雑誌はおおむね富者の援助によるが故に真個の木鐸たるなく、吾人の祖先を戦死せしめ兵火にかけし大名は華族に列せられて遊惰淫逸《ゆうだいんいつ》し、吾人の兄弟らの戦死によりて将軍となりし官吏は自己一名の功なるがごとく傲然として忠君愛国を切り売りとなす。まことに思え彼ら新華族は吾人の血をすすりし仇敵《きゅうてき》にして大名華族はわれらの祖先の生命を奪いし仇敵《きゅうてき》なるを。

　吾人は人間であると共に真正の日本人たるを望む。真正の日本人は陛下の赤子たり、分身たるの栄誉と幸福とを保有し得る権利あり。しかもこれなくして名のみ赤子なりとおだてられ、干城《かんじょう》なりと欺かる。すなわち生きながらの亡者なり、むしろ死するを望まざるを得ず。[8]

朝日の論理は、明治国家の論理の一部を一方向に徹底したものであった。すなわち、すべての日本人が日本人である限り、等しく「天皇陛下の赤子」であるはずであり、現実にそうならなければならない。

この論理は、君主と人民の関係を親子関係のアナロジーでとらえているという意味でアルカイックでありつつ、「天皇陛下の赤子」という資格において人民の「栄誉と幸福とを保有し得る権利」〔傍点引用者〕を主張している点でモダンである。

そして、このモダンな論理を天皇制国家は表向き否定することはできない。なぜなら、この国家自身が、維新以来さまざまな国家儀礼の整備と実行（歴史家のタカシ・フジタニが言うところの「天皇のページェント」）を通して、全国民が等しく参与する「国民の結合」という観念・感覚をつくり出してきたのだからである。

そしてもちろん、大正時代の現実は、「陛下の赤子たちには平等な権利がある」というにはあまりに程遠いものであった。ゆえに、朝日は「大正維新」を呼び掛け、自らその先駆けたらんとした。その実現手段としては、「最急の方法は奸富《かんふ》征伐にして、それは決死をもって暗殺する外に道なし」[9]とされる。

「黙々の裡にただ刺せ、ただ衝《つ》け、ただ切れ、ただ放て」[10]という遺書末尾付近の言葉には鬼気迫るものがあり、現に朝日に触発されるように、安田善次郎暗殺から約一ヵ月後に首相の原敬が当時一八歳の青年であった中岡艮一《こんいち》によって刺殺される事件が起こる。

▼匿名の人間による「デモクラティックな暗殺」

橋川文三は、朝日の遺書を分析してこの暗殺事件の質的な新しさを指摘している。

> ［明治一一（一八七八）年に大久保利通を暗殺した］島田らの場合には「仰いで天皇陛下に上奏し、俯して三千有余万の人衆に普告す」という姿勢に見られるように、天皇と国民一般との媒介者としての身分的地位が行動の前提となっている。その意味でいえば、朝日はなんらかの身分を代表していない。社会的にいえば彼は下層中産階級《ロウアー・ミドルクラス》出身の破滅型の人物であり、社会的になんらの地位をも確保しえない人間である。（中略）彼はなんら人間らしく生きえていない。いわば匿名の人間にすぎなかった。[11]

ここに例示されている紀尾井坂の変（大久保利通暗殺）の実行者は、旧武士階級という身分を代表して大久保を斬った。あるいは、より近い時代の伊藤博文暗殺事件（一九〇九年）においては、安重根《アンジュングン》は朝鮮民族を代表して伊藤を討った。

しかるに、朝日平吾は、当時の日本国内のいかなる特定の社会集団のアイデンティティに依拠するわけでもなく、「真正の日本人」という抽象的立場の自覚を徹底することによって、言い換えれば、米騒動において蜂起した無名の怒れる大衆と同様の「匿名の人間」として、テロを実行したのである。朝日の凶行は、言うなれば「デモクラティックな暗殺」であったのだ。

明治の「理想の時代」の終焉以降の時期において、実存的飢餓感を痛切に感じた煩悶青年が苦悩からの解脱を志向して政治テロに至るという道筋の原型がここにあると橋川は見ているが、こうした成り行きの典型が、カリスマ的宗教者であった井上日召《にっしょう》が率いた、後の血盟団事件、および五・一五事件である。

久野収と鶴見俊輔による古典的分析にいわく、朝日平吾の遺書には「外来思想の排撃や直接的テロ行動や志士意識や天皇の赤子観といった昭和の超国家主義の特色が、すべて出そろっており、まだ出ていないのは、国内改革を対外国策にむすびつける本格的超国家主義の主張だけである[12]」。

▼「国民の天皇」の演出

そして、ここにおいて注目すべき最大の要因は、「天皇が伝統のシンボルよりも、変革のシンボルとみられはじめたところに[13]」こそあるだろう。

折しも、米騒動から安田善次郎暗殺事件に至る時期は、大正天皇の体調が悪化し、事実上の譲位にあたる皇太子の摂政就任（一九二一年）が行なわれた時期に当たる。近年進んできた大正天皇研究によれば、大正天皇は、かつて定説的に考えられてきたような生来の精神薄弱だったのではなく、病弱ではあったものの、即位以後のストレスを主要原因として体調を悪化させたと推論されている。

大正天皇は自由闊達な性格ゆえに、天皇にふさわしい立ち居振る舞いを求められることに耐えられず、「心身共に無理を重ねた末、もともと丈夫でなかった体調を崩してしまった[14]」。言い換えれば、天皇の「生身の身体」が、天皇の「政治的身体」を体現することに耐えられなかった。

それは、天皇その人が国体の体現者としての身体に対して拒絶反応を示すに至っていた事態であるとすら言える。あたかも、そのような天皇の身体の揺らぎと並行するかのごとくに、天皇のシンボル作用の転換が起こりつつあったのである。

このような文脈から見た時、皇太子の摂政就任には単なる自然人の病気によるやむを得ないものという以上の意味が見えてくるだろう。皇太子、後の昭和天皇には、国体の統括者たり得ない大正天皇に代わって、明治天皇の再来としての役回りが政治的に期待されていたのである。

しかし、だからと言って、君民の関係を明治のそれ、すなわち「天皇の国民」というかたちに単純に引き戻すことなど、先に触れた世界的な君主制の危機という文脈に照らしても、もはや不可能であった。第一次世界大戦を契機としてヨーロッパ諸国で起こった君主制の没落・廃絶は、国民国家の統合装置であったはずの君主が、逆に統合を破壊する張本人として名指されたために生じた事態であった。あまりに悲惨な総力戦の経験は、君主およびその周囲の特権階級の私的利益のために国民が犠牲に供させられている、という印象を広範囲につくり出した。かくして、国土と国民は、君主やその近親者たちの所有物ではなく、公的存在であるという原理を徹底させるために、君主の権力をどれほど形骸化させた立憲君主制であろうとも、君主の存在そのものがこの原理を危うくさせるものとして指弾されたのである。

してみれば、君主制を国民統合の装置として再編成するために、「国民の天皇」を演出する方向へと、支配権力の側は舵を切るほかなかった。その現れとして、「天皇のページェント」は、ますます手の込んだかたちへと発展させられ、国体の可視化が進められる。

歴史家の原武史いわく、「昭和初期とは明治初期以来、天皇の生身の身体が最も見えていた時期であった。この時期に女性や全国水平社員、在日朝鮮人ら、狭義の政治から疎外された人々による直訴が頻発していること、天皇との一体化を目指す超国家主義運動がテロやクーデタをしばしば起こしていることは、無論こうした変化と深く関わっている」[15]。

しかし、まさにこの「国民の天皇」という君民関係もまた、「国体に抵触しない限りにおいて」という限定を受ける。それは、「国民の天皇」もまた国体の新たな時代に即した存在様態であったのだから、止揚し得ない矛盾であり、それは二・二六事件において爆発することとなる。

4　天皇制とマルクス主義者

▼急進化する大正デモクラシーと治安維持法

右に論じてきたような、後の超国家主義の系譜へとつながる国体観念の変遷と並行するかたちで、大正デモクラシーは急進化する。

その象徴が東大新人会であろう。一九一八年に創立された新人会は、初期には吉野作造の民本主義を奉じていたが、労働運動と関わるなかで急速にマルクス主義化してゆく。

他方、大正期には、大逆事件によって一旦は大打撃を受けた無政府主義者・社会主義者たちも、ロシア革命による社会主義政権の成立という追い風を受けて旺盛な活動を繰り広げ始める。その間の紆余曲折については縷述《るじゅつ》しないが、それが国体の支配層に対して与えた脅威の感覚は絶大であった。

一九二二年には堺利彦・山川均・荒畑寒村ら古参の社会主義者たちによって日本共産党が地下組織として結成されるが、その背景には、一九一九年にコミンテルン（第三インターナショナル）のソヴィエト連邦の後ろ盾による形成があった。社会主義は、ごく一部の先鋭なインテリのみによる、確たる社会的基礎を持たない運動ではなくなったのである。

そしてその運動に、本来、天皇制国家の中核を担うべき存在であるはずの東大法学部の若者たちが雪崩を打つように身を投じてゆく。このことが国家支配層をどれほど恐怖せしめたかは、後代の想像を絶するものがあったであろう。一九二五年の男子普通選挙の実現と抱き合わせでなされた治安維持法の制定は、この恐怖の表現であった。

実に、一九二五年という年は、大正デモクラシーの大義たる普通選挙が男性限定ではあるが実現されたという意味でその絶頂を印すと同時に、治安維持法によってその終焉を画したと言える。「国体ヲ変革シ又ハ私有財産制度ヲ否認スルコトヲ目的トシテ結社ヲ組織シ又ハ情ヲ知リテ之ニ加入シタル者」を罰するとした治安維持法は、幸徳秋水が最晩年に確信した、社会主義者は国体と不倶戴天の敵として対決せざるを得なくなるという予見を、国家権力自らが裏書きする内容を持っていた。

▼コミンテルンと国体

他方、コミンテルンでニコライ・ブハーリンが起草した一九二二年の日本共産党の党綱領草案には、「君主制の廃止」が盛られていた。そして、社会主義者・共産主義者にとって、天皇制との対決は、コミンテルンから発せられるテーゼ（闘争方針の指令）と絡んで、複雑な問題となってゆく。

まず、二二年テーゼの「君主制の廃止」に対し、大逆事件をからくも切り抜けた世代に属する堺利彦らは、この問題を課題として取り上げることを危険視し、これを受け入れなかった。

翌年の検挙と関東大震災を受けて、一九二四年には共産党は一旦解散されるが、二六年一二月に再建される。その際に理論的主柱となったのは、彗星のごとく現れた福本和夫による福本イズムであった。一九二四年にドイツ留学から帰国した福本は、日本の既存のマルクス解釈者や社会主義の理論家を、「俗学主義」「折衷主義」「日和見主義」等々のレッテルを貼って罵倒した。

とりわけ政治戦術論上の主要敵とされたのは、古参の社会主義者として強い影響力を持っていた山川均であったが、山川の組織論によれば、共産党は無産者階級のうちで最も先進的な分子を中核として遅れている大衆の意識を引き上げるものでなければならない、とされた。この山川理論を福本は否定し、前衛党たる共産党は、一旦大衆から分離して、

「階級意識」を純化した後に大衆と結合しなければならないとする「分離－結合」論を唱えて支持を得た。

しかし、一九二七年にはコミンテルンから新たなテーゼが発せられ、そのなかで福本イズムは、セクト主義であり「レーニン主義の漫画」[16]であると酷評されてしまう。結果、福本和夫は党指導部を追われる。

さらに、満州事変を経て国際情勢の緊迫が高まるなか、一九三二年にはまた新たなテーゼが出されるが、この三二年テーゼが天皇制の打倒を党の第一の任務として指示したのであった。

この間の流れはさらに錯綜している。というのは、一九三一年にもコミンテルンは「日本共産党政治テーゼ草案」を作成しており日本にも伝えられたが、そのなかでは、天皇制の打倒は前面には打ち出されていない。

そして、三一年のテーゼ草案と三二年テーゼの最大の違いは、前者においては明治維新が「ブルジョア民主主義革命」であったと規定されているのに対し、後者では、天皇制はブルジョア階級の支配装置であると同時に、地主階級にも依拠することによって、絶対主義的支配を行なっている、と規定されているところにある。

この違いが持つ意味は大きい。なぜなら、どちらの見方を取るかによって、現状認識と革命の課題が大きく異なってくるからである。

三二年テーゼの見方によれば、明治維新は市民革命的性格を全く欠いている、あるいは無視しうるほどわずかにしか含まず、維新が実現したのは絶対王政であった、ということになる。したがって、日本の共産主義者の課題は、絶対王政としての天皇制を粉砕する市民革命を、まずはやらなければならない、ということになる。

これに対して、三一年のテーゼ草案の見方によれば、明治維新以降の日本は曲がりなりにも近代的原理によって支配された体制であるという現状認識が得られ、来たるべき革命はプロレタリア革命である、ということになる。

このように重大な見解の変化が短期間になされた背景には、ソ連内部での権力闘争、つまり日本の実情とは何の関係もない事情があったと目されるが、日本共産党は三二年テーゼを受け入れることとなる。

福本イズム以来の共産党は、西洋直輸入の「最先端の理論」とコミンテルンからの指令に右往左往する事大主義をさらけ出したが、それは共産党が本来立ち向かうべきものだったはずの明治以降の「国体」と同様の表層的近代性という罠に、自らがとらわれることにほかならなかった。

▼日本資本主義論争——国体の「基礎」とは何なのか

とはいえ、このような混乱から学術的に高度な論争が生まれることとなる。三二年テーゼを受け入れた共産党の主流派は、このテーゼの大枠に現状認識を適合させなければならないという政治的要請にも促されるかたちで、打倒対象たる天皇制を社会科学的に規定しようとした。その努力が結集されたのが岩波書店が刊行した『日本資本主義発達史講座』であり、ここに参加したマルクス主義者たちが「講座派」と呼ばれた。

他方、三二年テーゼを受け入れなかったマルクス主義者たちが形成したのが「労農派」であり、両者ともに弾圧される一九三〇年代後半まで、近代日本社会の構造的特徴をめぐる論争が繰り広げられた（日本資本主義論争）。

この論争は、日本の知識人が「国体」とは何であるかについて、つまり「国体」の基礎たる近代日本の社会構造の特質を客観的かつ全面的に把握しようとしたはじめての本格的な試みであった。

また、この論争は「封建論争」とも別称される。なぜなら、一面で植民地帝国を築き高度に発達した資本制社会となりながら、他面では原始宗教じみた天皇崇拝や地主－小作関係において、封建社会に見られる経済外的強制に類似した関係性が残存するという日本資本主義の特殊性を、「封建遺制」としてとらえようとしたからであった。言い換えれば、それは、マルクスの『資本論』が示したイギリスを範型とする資本制の発展の道筋が、後発資本主義国においてどのように展開するのかを問うたのであった。

▼「天皇制打倒」の理路

福本イズムの一時的覇権から三二年テーゼに至る論戦の意味については、政治学者の梅森直之が優れた分析を与えている。まず、福本和夫が、共産主義者が一旦大衆から分離して獲得すべきものとした「階級意識」とは、何であったのだろうか。

福本は、その「階級意識」を、次のように説明する。「無産者階級は、有産者社会の下にあって、その存在の内的必然により、否定せられてゐる階級であり、而してこの否定をまた、必然に拒否し、否定すべく余儀なくされてゐるところの階級」である。そして無産者階級のこうした社会的、歴史的特性から、第一に「事物を媒介性に於て」、第二に「事物を其の生成に於て」、第三に「全体性に於て」観察することができ、また、せざるをえないという認識論上の特質が生ずる。こうした認識を通じて獲得される無産者階級の世界観歴史観が「階級意識」である。[17]

福本の議論は異様なまでに晦渋な用語で展開されているために理解しづらいのであるが、ここでの要点は、無産者階級は、自己を解放するためには、有産者階級と非和解的に敵対し、有産者社会（＝資本制社会）を全面的に否定――つまり、革命――せざるを得ない立場にいる、ということである。そのような立場を自覚することが、「階級意識」であるとされる。

このように規定された「階級意識」は、ある意味きわめて観念的であり（それは、福本イズムが当時のインテリ層を魅了した理由のひとつだった）、無産者階級のあるがままの意識ではもちろんない。しかし、無産者階級が潜在的可能性として持ちうる、より正確には、持たないわけにはいかなくなるはずの意識を、まずは前衛たる共産主義者が獲得しなければならない、と福本は説いている。

なぜ、そのような回りくどい経路を取らねばならないのか。それは、「現実における無産者階級の統一の不可能性が強く意識されたとき、理念のレベルにおいてその統一をなしとげるために呼び出された『代補』であった」[18]、と梅森は言う。すなわち、マルクス＝エンゲルスの『共産党宣言』は、あまりに名高い「万国の労働者よ、団結せよ！」の言葉で締めくくられるが、現実の無産者階級は、従事する労働の産業セクター、熟練・非熟練の別、教育程度、ジェンダー、民族、人種、宗主国と植民地、国際分業等々、無数の分断線によって分断され、各人の利害は異なる。

したがって、実は、無産者階級が自らの利害に目覚めたところで、それそのものでは、各人ないし限られた集団が、相互に対立するめいめいの自己利害を主張することを帰結するにすぎない。つまり、無産者階級の統一は、資本主義制度そのものにおいては不可能なのである[19]。ゆえに、資本制社会を超え出た意識（「階級意識」）、すなわち、ありのままの無産者階級が持つ意識から分離した意識を共産主義者が先駆的に獲得することによって、前衛党が無産者階級を真に統一し、指導する立場に立ちうる、と福本は主張した。

福本イズムはモスクワによって否定されるが、「福本が提起した、プロレタリアと農民との分裂をどのように克服し、そこに統一をもたらすかという問題自体は、未解決のまま残されることとなった」[20]。

そこで現れるのが三二年テーゼである。先述したように、同テーゼは、次のように、絶対君主制としての天皇制の粉砕を、共産主義者が目指すべき革命の第一の目標であるとしている。

国内の政治的反動と一切の封建制の残滓の主要支柱である天皇制的国家機構は、搾取階級の現存の独裁の鞏固《きようこ》な背骨となっている。その粉砕は日本における主要なる革命的任務中の第一のものと看做されねばならぬ。[21]

この三二年テーゼによって、無産者階級の分裂という問題に「一応の解答が与えられることになった[22]」、と梅森は述べる。

ここ［三二年テーゼ］で「天皇制」は、「封建制の異常に強力な諸要素と独占資本主義のいちじるしく進んだ発展との抱合」の鍵であると説明される。すなわち、「三二テーゼ」は、福本イズムにおける「階級意識」という革命主体の「全体性」を、「天皇制」という敵対対象の「全体性」によって代補したのである。分裂した被搾取諸階級は、「主要なる革命的任務」の対象とされた「天皇制」という全体化された表象を媒介することを通じて、統一された主体性を回復しうると想定されたのである。[23]

梅森の指摘する理路は、ジャック・ラカンの「鏡像段階論」を思わせる。「鏡像段階」とは、生後六ヵ月から一歳半の段階を指すが、その年頃の幼児は自らの身体をバラバラなものとして感覚しており、鏡に映った自分の姿を見ることで自己の身体的な統一感を獲得する。同様に、それ自体ではバラバラの利害主張をする者とならざるを得ない無産者階級は、『「天皇制」』という敵対対象の『全体性』に自らの「統一された姿」を映し出すことによって、革命の担い手としての集団的な主体性を獲得することが期待されたのである。

▼第二の自然と闘う困難と意味

ここには、現代にも通じる「天皇制と闘う」ことの困難が全面的に現れ出ている。なぜなら、天皇制もまた、福本の言う「階級意識」がありのままの無産者階級には存在しないのと同じ意味で、実在しないからである。実在性の次元では、個々の被搾取者の視線の先には、小作料を悪辣に取り立てる地主や高圧的な雇い主などがせいぜいいるだけであって、その視線から見れば、天皇は「いかにも上品な、何やらありがたい存在」にほかならない。

革命とは、個々の被搾取者が自らの境遇を相対的に改善することに満足せず、敵対性の根源を摑んでそれを絶つことである。ゆえに、革命を呼び掛けるマルクス主義が要求したのは、まさにこの実在性の次元にある日常的な視線を捨てて、日本社会に内在する敵対性の根源を把握することであり、その把握から、派生的な個別の敵対性・搾取構造を位置づけることが展望されたのである。その時、敵対性の根源として、すなわち搾取の構造全体を成り立たしめる存在として、マルクス主義が名指したものが天皇制であった。

しかし、天皇制は支配機構の総体でありつつ、まさにこの社会に内在する敵対性の否認をそのイデオロギーの核心としていた。『国体の本義』（一九三七年、文部省編）が宣言するように、大日本帝国は、万世一系の家長とその赤子が睦み合って構成される「永遠の家族」であるとされた（家族国家観）。つまりそれは、支配であることを否認する支配なのである。

かつ、論じてきたように、天皇制は、遍在するがゆえに不可視化されたシステムとして念入りに形づくられ、圧倒的多数の日本人にとってほとんど「第二の自然」と化していた。そのような浸透の「成功」が、前近代の封建道徳の強固な残存のためであったのか、支配階級の倫理観（武士道における忠）の一般大衆への押しつけの結果であったのか、それとも乃木希典の死に即して触れたように、革命による社会分裂の調停者として天皇の存在が機能したことの帰結であったのか、本書が結論を下すことはできない。

だが、いずれであるにせよ、同様の事情は、現代の対米従属の問題にもあてはまることは指摘しておかなければならない。対米従属はある意味で実在しない。なぜなら、それは、諸々の現実に対する抽象の先にしか見出され得ないものであるからだ。日常的な視線から見れば、現代日本の抱える諸々の問題はすべてバラバラの事象であり、それぞれに個別的な対処・改善が求められるにすぎない。この視線にとっては対米従属の問題を声高に語る者は「異常な陰謀論者」に映る一方、対米従属の問題を諸々の問題を貫く矛盾の核心と見る者は、日常的な視線の次元にとどまる者たちを「寝ぼけた哀れな連中」と見なすこととなる。

筆者の議論がどちらの陣営に属するものであるかは言うまでもなかろう。ただし、対米従属の問題を何らかの具体的な組織や個人に還元する見方は、ともすれば容易に陰謀論に陥る。ゆえに、喫緊の課題は、「敵対性の根源」「矛盾の核心」という観念を堅持しつつ、それを支配／従属の構造の全領域に遍在するものとして、把握することなのである。そこから、新たな集団的主体性が生まれうる。

▼国体に抱擁された転向者

「第二の自然」と化した天皇制に対して正面からの戦いを挑むという戦前共産党の戦術判断は、結果として、徹底的な失敗に終わった。

第一にそれは、治安維持法による過酷な弾圧を正面から受けることとなった。第二に、それは大衆への浸透力を全く持たなかった。

そして、その結果として第三に、獄中の指導者、佐野学と鍋山貞親が一九三三年に転向声明を発表し、この闘いは外側から崩されただけでなく、内側からも崩れ去ることとなる。

今日に至るまで悪評にさらされてきたこの「声明」をあらためて読み返してみると、その内容は悲痛である。佐野・鍋山はコミンテルンの独善を痛罵し、三二年テーゼに盛られた天皇制との正面対決という内容を酷評する。

我々は日本共産党がコミンターンの指示に従ひ、外観だけ革命的にして実質上有害な君主制廃止のスローガンをか丶げたのは根本的な誤謬であつたことを認める。それは君主を防身の楯とするブルジョア及び地主を喜ばせた代りに、大衆をどしどし党から引離した。[24]

そして、次のように言うとき、佐野・鍋山は、公式の国体イデオロギーの前に屈したのであった。

> 日本の皇室の連綿たる歴史的存続は、日本民族の過去における独立不羈《ふき》の順当的発展——世界に類例少きそれを事物的に表現するものであつて、皇室を民族的統一の中心と感ずる社会的感情が勤労者大衆の胸底にある。我々はこの実感を有りの儘に把握する必要がある。[25]

戦後に吉本隆明が『転向論』で論じるように、彼らは、自覚的に自らをそこから引き離したはずの「大衆の実感」へと回帰した。公式イデオロギーが大衆の実感をつくり出し、大衆の実感が公式イデオロギーを支えるという国体の循環構造から離脱し、それを切断すること——それが孤立を覚悟しなければならないものであったことは当然だった——こそ、コミュニストたることであったはずが、自らその循環構造へと巻き込まれ、国体によって抱擁されるに至った。佐野・鍋山の転向が、「一時的戦術的後退」あるいは「余儀なくされた擬態」であったというような弁明のきかない代物であったのは、彼らが、「民族的統一」を口にすることによって、社会内在的な敵対性という認識を手放したからである。

党の最高指導部の態度変更は当然影響が大きく、獄中の党員たちは次々と追随する。ここに、大逆事件以来の「国体vs.社会主義」の対決は、国体の勝利によってひとまず決着された。

▼なぜコミュニストたちは国体に負けたのか

経済学者・青木孝平は、日本資本主義論争における国家論・天皇制論を総括して、次のように述べている。

［講座派と労農派の］いずれも、大衆の反資本主義的怨恨《ルサンチマン》と軍部の擬似革命的エネルギーに支えられた天皇制ファシズム固有の権力構造は、まったく解明の外にあったといわねばならない。[26]

つまり、日本の天皇制を西洋史における絶対主義王政と同一視し、その正面からの打倒を呼び掛けた講座派は、なぜその「絶対主義」が外見的な超階級性を保持し、国民大衆からの支持を取りつけることができていたのかを解明することができなかった。他方、労農派は、明治維新を西洋史における市民革命と事実上同一視することによって、国体の特殊性を考察の埒外に置くこととなった。その結果が、来たるべき天皇制ファシズムを解明するに際しての両派の無力であったと、青木は結論している。

先に見たように、天皇制ファシズム＝昭和の超国家主義は、「天皇陛下の赤子」であること以外のいかなる属性をも剝奪された、つまりアトム化された孤独な「匿名の人間」が、「天皇との一体化」という観念を槓桿《こうかん》として激烈な行動に至るという現象を生み出した。

それは、朝日平吾においては彼自身と同じように孤独な人間が孤独に蜂起するものとして想像されたが、やがてそれは二・二六事件という「統一」された形態を帯びることとなる。明治レジームによって準備された統一性（＝国体）を破壊する決意において統一性を創造する、という迂回的な論理に基づくコミュニズムは敗れ去った。その時、超国家主義運動は、そのすでに準備された統一性に全面的に依拠することによって変革を目指す運動として出現した。しかしそれは、その実行者たちの予期しないかたちで敵対性そのものに到達してしまうこととなるのである。

5　北一輝と「国民の天皇」

▼北一輝の明治維新観と天皇制論

天皇制＝絶対主義という講座派の図式と、明治維新＝市民革命という労農派の図式が対立するはるか以前に、労農派的な明治維新把握をきわめて徹底したやり方で打ち立てていた人物がいる。北一輝である。

北一輝の理論と実践は、久野収と鶴見俊輔の言葉を借りれば、「伊藤［博文］の作った憲法を読みぬき、読みやぶることによって、伊藤の憲法、すなわち天皇の国民、天皇の日本から、逆に、国民の天皇、国民の日本という結論をひき出し、この結論を新しい統合の原理にしようとする」[27]ものであった。しかも、驚くべきは、北がこの理論の骨格を、大著『国体論及び純正社会主義』によって完全に打ち立てたのは、一九〇六年、北がわずか二三歳の時であった。

北は、「万世一系」を称揚するいわゆる国体論を痛烈に批判して、これらの国体論の言う天皇は、「国家の本質及び法理に対する無智と、神道的迷信と、奴隷道徳と、転倒せる虚妄の歴史解釈とを以て捏造せる土人部落の土偶[28]」であると断言する。

ハーバート・スペンサーの社会進化論に依拠する北は、日本の国体は、君主が国家をモノとして所有した中世までの「家長国」の時代から、明治維新を経て、「公民国家」の段階へとすでに進化した、と見なすからである。

「公民国家」とは、つまり近代国家であり、国家自体の独立自存のために君主も国民もその一員として行動する国家である。そこにおいては、「君主をも国家の一員として包含せるを以て法律上の人格なることは論なく、従て君主は中世の如く国家の外に立ちて国家を所有する家長にあらず、国家の一員として機関たることは明かなり[29]」。ここから分かるように、北は徹底した天皇機関説論者であった。

北に言わせれば、明治維新による封建制の廃止から大日本帝国憲法の制定に至る過程を経て、日本の国体は紛れもない「公民国家」となったのであり、それにもかかわらず、万世一系の標語によって、あたかも日本の国土と国民を天皇の所有物であるかのごとくに論じる国体論は、人類の発展史に逆行する「復古的革命主義」なのであった。

このような北の明治維新観と社会進化論は、政治的にラディカルな含意を持つ。すなわち、国家が「公民国家」的状態を成立させ、さらにそれが一層高度化することによって、貧困が撲滅され、社会的平等が実現し、犯罪はなくなるという。さらには、このように解放された人間が個性を全面発達させて真善美を加え、ついには「人類は消滅して『神類』の世となる」[30]、という希代の奇想家シャルル・フーリエを思わせる壮大なヴィジョンが語られる。

この発展の大道における画期をなす出来事であるという意味で、北は明治維新を高く評価している。そしてそれと同時に、このような爆発的発展の軌道へと社会が歩みを進め始めたはずが、藩閥権力は政治を壟断し、財閥は私利を貪るのみで社会発展を停滞させ、また御用学者（＝国体論者）は時計を反転させるイデオロギーを説くことで自己保身に汲々《きゆうきゆう》としているという現状に対して、北は怒髪天を衝く怒りを爆発させているのである。

この維新観がラディカルだというのは、ユートピア主義的理念に鼓舞された北が、明治維新を単なる市民革命どころか、人類が神へと発展するための進行中の革命としてとらえ、それを再賦活しようとしているためである。そしてそれは、大日本帝国憲法の読み方に孕まれていた、ひとつの可能性にほかならなかった。

▼『国体論及び純正社会主義』への反響

『国体論及び純正社会主義』は、発刊五日後に発禁処分を受けるが、河上肇《はじめ》や福田徳三らから熱い注目を浴びる。自由党の老闘士、板垣退助は、「御前の生まれ方が遅かった。この著述が二〇年早かったならば、我が自由党の運動は別の方向を取って居った」と語ったと伝えられる。

確かに、自由民権運動の荷い手たち（自由党）が議会において伊藤博文の手管によって搦めとられ、体制内の利権屋へと堕していったことの一因は、ヨーロッパの天賦人権思想の直訳以外に確たるイデオロギーを持たなかったために、人民の権利確立の先のヴィジョンを持ち得なかったことにあった。

こうした高い評価にもかかわらず、というよりむしろそれゆえに、北は要注意人物となり、社会主義者たちとの交流のために、大逆事件でも逮捕される（後に釈放）。

▼超国家主義運動のバイブル

その前後から北一輝は、中国革命同盟会に加わり、釈放後には中国へと渡って辛亥《しんがい》革命に身を投じる。だが、一九一三年には盟友宋教仁《そうきょうじん》が暗殺され、一九一五年には、第一次世界大戦のどさくさに紛れて日本が対華二一ヶ条を突きつけ、中国民衆は五・四運動を起こす。北は、日中の板挟みに苦悩するなかで、一九一九年、上海にて『国家改造案原理大綱』を執筆し、翌年帰国する。

『大綱』は、冒頭に「国民の天皇」と題された章を掲げ、天皇大権によって三年間憲法を停止し、私有財産の制限、土地制度改革、資本の合理化、労働者への権利付与、人権の拡充、男女の同権化、植民地の制度、国防のそれぞれの分野で社会主義的な大改革を行なうことを謳っていた。

帰国後の北は、大川周明らとともに国家改造運動に携わり数々の陰謀に関与するが、その一方で、一九二三年に『日本改造法案大綱』と改題のうえ出版された『大綱』は、超国家主義運動のバイブルとなり、とりわけ陸軍皇道派の青年将校たちを惹《ひ》きつける。

その果てに起きたのが、一九三六年の二・二六事件であった。北一輝は、純然たる民間人であり、このクーデタには何らの具体的な関与をしていなかったにもかかわらず、逮捕、軍法会議にかけられ、翌年処刑された。

▼二・二六事件の「理念」

つとに指摘されるように、日本の昭和期ファシズムは、ドイツならびにイタリアのそれとは、相当に内実を異とする。最重要の相違は、明確なファシズム革命のようなものがなく、既存の国体イデオロギーがそのまま強化されるかたちで、超国家主義へと展開したという点にある。ゆえにそれは、「いわばなしくずしの超国家主義化[31]」であったとしばしば評される。しかしながら、「国体」観念の社会的機能は、ここまで見てきたような、弁証法的とも言える展開・変態を経てきた。その最終形態たる「国民の天皇」を実現させる（と実行者たちには意識された）企てとして最大級のものが、二・二六事件として発生する。その心情を青年将校であった大蔵栄一は、後に次のように述懐している。

天皇が宴会場に現われたとき、参列者全員は最敬礼で迎えた。会場は水を打ったように静かであった。私が最敬礼をしながらフト思ったことは、天皇を目の前にお迎えしてなぜ万歳をとなえないのか、こういうときこそ万雷の拍手と、天にとどろく万歳の声が叫ばれていいのではないか……天皇不在の場所ではよく万歳が三唱されるけれども、いま目の前にお迎えしてみると、ただかしこまってひれ伏すのみである。どこか間違っている。天皇を雲の上にまつり上げて、雲の下では勝手なまねをしている現状が今日の日本である。これが妖雲だ。この妖雲を一日も早く切り開いて真の日本の姿を現出しなければならない——ということであった。（中略）

私らは東京における会合の席上で、よく話し合ったことがあった。

「妖雲を払い除いた暁は、天皇に二重橋の前にお出でいただいて、国民といっしょに天皇を胴上げしようではないか」

この気持ちは、私ら青年将校間の全部の、偽らざる気持ちであった。[32]

彼らの言う「妖雲」とは、いわゆる「君側の奸」、天皇の本来の徳政が実行されるのを私利私欲のために邪魔している重臣・政党政治家・財閥・軍閥等々である。これら余計なものを取り払いさえすれば、天皇と国民は真情によって直結し、天皇のイニシアティブのもとに農村の救済をはじめとする社会的諸矛盾の解決がなされるはずである、と。大蔵の

「最敬礼」と「万歳」を対比するヴィジョンは、明治の「天皇の国民」型のレジームが、天皇が君民のハイアラーキーの頂点を占める媒介項として国民を統合するものであったのに対し、「国民の天皇」を目指す運動は天皇を円の中心として君民が相互に水平的に結合する状態をもたらすものであるというイメージを鮮やかに伝えている。

それは、大日本帝国の「天皇の存在を統合原理とする」という原則、もっと言えば「天皇だけが統治の正統性を担いうる」という国体の掟を侵さないかたちで――その掟と正面対決したコミュニストたちは挫折した――、統合の原理を実質的に変更しようとする試みであった。世界大恐慌以降疲弊を極める農村から集められた兵と直に接する立場にあった青年将校たちが、このような変更をしない限り日本社会は破滅すると思いつめるほど、社会の内的矛盾は実際に高まっていた。

しかしながら、この心情に対する天皇の反応は、彼らにとってあまりに苛酷なものだった。クーデタに対し、最も非妥協的で決然たる態度をとったのは、昭和天皇その人だった。

「朕ガ股肱《ここう》ノ老臣ヲ殺戮ス、此ノ如キ兇暴ノ将校等、其精神ニ於テモ何ノ恕《じょ》スベキモノアリヤ」

「朕自ラ近衛師団ヲ率ヒ、此ガ鎮定ニ当ラン」
「自殺スルナラバ勝手ニ為スベク、此ノ如キモノニ勅使抔《など》、以テノ外ナリ」[33]

昭和天皇が、その長い生涯においてこの時ほど強く怒りを表に出したことはおそらくなかった。

▼磯部浅一《あさいち》における国体

青年将校のうちで北一輝の理論を最も強く信奉していたと見られる磯部浅一は、天皇が自分たちに共感するどころか激怒していることを知り、『獄中手記』に、天皇への激しい呪詛の言葉を書き連ねることとなる。

ただし、ここには一見奇妙な齟齬がある。すでに見たように、北一輝は明白に天皇機関説論者であり、『大綱』でも、天皇は「現代民主国の総代表として国家を代表する者」であり、「維新革命以来の日本は天皇を政治的中心としたる近代的民主国なり」[34]と明言している。

磯部は、「余の所信とは日本改造方案〈法案〉大綱を一点一角も修正する事なく完全に之を実現することだ／方案は絶対の真理だ、余は何人と雖《いえど》も之を許し、之を毀却〈棄却〉することを許さぬ[35]」と書きつける一方、次のようなあまりに印象的な言葉をも書きつけている。それは、天皇信仰の強さゆえの裏切られた憤りの烈しさを表しているようにも見える。

一、天皇陛下　陛下の側近は国民を圧する漢奸で一杯でありますゾ、御気付キ遊バサヌデハ日本が大変になりますゾ、今に今に大変な事になりますゾ、二、明治陛下も皇大神宮様も何をして居られるのでありますか、天皇陛下をなぜ御助けなさらぬのですか、三、日本の神々はどれもこれも皆ねむっておられるのですか、この日本の大事をよそにしている程のなまけものなら日本の神様ではない、磯部菱海［磯部の号］はソンナ下らぬナマケ神とは縁を切る、そんな下らぬ神ならば、日本の天地から追いはらってしまうのだ、よくよく菱海の言うことを胸にきぎんでおくがいい、今にみろ、今にみろッ[36]

磯部浅一が遺した猛り狂ったテクストは、後に三島由紀夫をも魅了することとなる。三島が言うには、磯部の「最も忠良なる天皇の臣」から「国体への叛逆者」への転身は、国体概念そのものに含まれた二重性がもたらしたものだった。

その二重性とは、ほかならぬ本書で論じてきた、明治憲法における「天皇機関説の国体」と「天皇主権説の国体」である。前者は、国家を機構的側面からとらえることによって見出されるのに対して、後者は、三島の言葉では「道義国家としての擬制[37]」である。

久野・鶴見は、前者を大日本帝国のエリート向けの「密教」、後者を大衆向けの「顕教」と呼んだ。明治憲法レジームはこの二重性の絶妙なバランスの上に成り立っていたのだが、世界恐慌や対外危機といった社会的諸矛盾が昂進するなかで顕教（＝「天皇主権説の国体」）が密教（＝「天皇機関説の国体」）を圧服するのであり、統帥権干犯問題から天皇機関説事件、国体明徴声明へと至る流れは、その過程を表現している。

その結果、あらためて神聖化された国体は、「道義」の名において（大東亜共栄圏、八紘《はっこう》一宇《いちう》）、無謀きわまる戦争を決行し破滅する。

▼「国民の天皇」が挫折し、「天皇の国民」に回帰する

北一輝の『国体論及び純正社会主義』は、これとは全く逆の「密教による顕教征伐[38]」の

試みにほかならなかった。してみれば、北＝磯部において、天皇信仰が「近代的民主国日本の完成」の大義に勝るはずがなかった。

しかし、三島の見るところ、天皇が「変革のシンボル」たりうるのは、天皇が「国家機関としての天皇」として現れる時ではもちろんなく、「道義国家」の首領として現れる時である。この時にこそ、「天皇信仰自体が永遠の現実否定[39]」たりうるのであり、その近い起源は幕末の尊王攘夷イデオロギーにあるという。

つまり、まとめるならば、北＝磯部の抱え込んだアポリアとは、機関説的天皇（国民の天皇）を実現するためには、「神聖にして侵すべからざる」天皇を奉じなければならない、という矛盾であった。

その矛盾は、『日本改造法案大綱』の冒頭章に「国民の天皇」という題が与えられながら、その「国民の天皇」がなすべきことは、憲法停止・神聖なる大権による独裁であるとされているところに、赤裸々に現れている。

生命を賭けた磯部らの行動は、無論「道義」によって動機づけられていた。そして、その動機の調達先は「天皇信仰」という「土人部落」のイデオロギーであるほかなく、天皇への「恋闕《れんけつ》」の情を燃料として、天皇自身による国体の変革を期待した行動へと踏み出した。

　ここにおいて、北＝磯部は「近代的民主国日本」を実現するという「道義」と、天皇が天壌無窮に統治する国であることそのものが「道義」である、という実際は別物であるふたつの道義を強引に結合させた。後者の道義は当然内容的には無であり、実質的には天皇との距離が道義の所在を決めることとなる。体現する道義が実質的に優れているから天皇を獲得できるのではなく、「玉を握っている」ことそのものが道義の究極的根拠となるのである。

　してみれば、磯部らは自ら天皇の身柄を確保するほかなかったが、その覚悟ができている青年将校は数少なかった。ゆえに彼らは、天皇が自発的に「二重橋の前に」出て来ることを期待していた。しかし、それへの応えは、天皇による断固たる拒絶でしかなかった。

　結果として、軍部は二・二六事件を利用し尽くした。クーデタ勃発時の陸軍首脳部の優柔不断な態度には、青年将校の激発を奇貨として軍部の影響力を強めようという意図が露骨に表れており、実際その後の歴史の展開はその通りのものとなる。

　かくて、「国民の天皇」を実現する試みが挫折した後に生じたのは「天皇の国民」への回帰であり、そこでは日本の歴史上のいかなる時代にも増して、国民は「物格」（北一輝

『国体論及び純正社会主義』）として扱われた。
二・二六事件は、北一輝の思想による媒介という視点から見れば、大正デモクラシーの一帰結にほかならなかったが、それが打ち出した「道義」が全面的に斥けられた暁には、古色蒼然《こしょくそうぜん》たる「天皇の国民」のイデオロギーが回帰するほかなかった。

▼昭和天皇は何に激怒したのか

それにしても、二・二六事件の時、昭和天皇は一体何に対して激怒したのであろうか。天皇は、事件を指して「日本もロシヤの様になりましたね[40]」と側近に語ったと伝えられるが、それは本質を衝いていた。

青年将校の一部は、「忠義」を語りながら、彼らの内面で打ち立てた「道義」を天皇の意思に優先させるべきことを、少なくとも無意識には認識していたからである。天皇から遠く離れた所で、天皇のあずかり知らない場所で、「道義」が打ち立てられることこそ、「反国体」の本質にほかならなかったのではないか。逆に言えば、「朕ガ股肱ノ老臣ヲ殺戮ス」の言葉に明瞭に表されているように、天皇にとっては、自らに距離の近い者を害することが、その理由の如何を問わず、絶対に許し得ないことだった。

したがって、「天皇との距離の近さ」が国体の「道義」の源泉なのである。青年将校たちは、主観的には自分たちこそ最もよく「国体の本義」を体現する者たちだと自己規定しながら、実際にはこの原理と正面から敵対してしまったのであった。それゆえ、国体の体現者たる昭和天皇には優柔不断が微塵もなく、決然と鎮圧を命じた。

しかし、時によっては、「忠義」の名のもとに、国民は天皇のあずかり知らない所で「道義」を打ち立て、それに基づいて行動する、言い換えれば、主体性を持ってしまう可能性があることを、二・二六事件は示した。

天皇が激しく嫌悪し、避けようとしたのは、まさにそのような事態だったのではないか。『昭和天皇独白録』は次のような言葉によって締めくくられている。

〔対米英〕開戦当時に於る日本の将来の見透しは、斯くの如き有様であつたのだから、私が若し開戦の決定に対して「ベトー」したとしよう。国内は必ず大内乱となり、私の信頼する周囲の者は殺され、私の生命も保証出来ない、それは良いとしても結局狂暴な戦争が展開され、今次の戦争に数倍する悲惨事が行はれ、果ては終戦も出来兼ねる始末となり、日本は亡びる事になつ〔た〕であらうと思ふ。[41]

この一節は対米英開戦が不可避であり、自らの権威をもってしても止めることは不可能だったと弁明するものであるが、この天皇の懸念には、二・二六事件の経験が透けて見える。

さらには、軍事的に敗北が確定した後にも降伏が先延ばしされ多大の犠牲者を出した経緯にも、天皇の同様の懸念があったことは確かであろう。まだ継戦能力が残っている段階で戦争を終結させようとすれば、天皇が「押し込め」られ、より一層ファナティックな仕方で戦争が継続されたのではないか、というわけである。

拒否権の発動はより悪い結果をもたらしたに違いないという推論は、当たっているのかもしれない。それは賢明な認識であったとすら言えるのかもしれない。

しかし、仮にこの推論が正しかったとすれば、一体、この天皇の帝国はどんな国だったというのだろうか。そこには、天皇にしか道義がない、生身の天皇のほかにどこにも道義があることを期待できない、そんな虚しい国であったことを、天皇自身が証しているのではないのか。

そして、そのような全面的な道義的頽廃は、正統性の源泉を天皇との「近さ」だけにしか認めず、天皇から離れて確立される道義を一切認めぬ「国体」がつくり出したものにほかならなかったのである。

敗戦後に太宰治はこう書いている。「東條の背後に、何かあるのかと思ったら、格別のものもなかった。からっぽであった。怪談に似ている」[42]。その空っぽの場所は、埋められることを待っていた。「青い目の大君」が——すでに見たように、まさに天皇との距離を縮めることによって——それを果たしたのである。

第八章　「日本のアメリカ」――「戦後の国体」の終着点

（戦後レジーム：相対的安定期～崩壊期）

1　衰退するアメリカ、偉大なるアメリカ

▼衰退するアメリカとヘゲモニー維持の謎

世界システム論の論客に、経済史家のジョヴァンニ・アリギがいる。彼の主著『長い20世紀』は、ルネサンス時代以来の近代資本主義において、政治権力がどのように資本と結合し、あるいは分離してきたのか、またその二者の関係が歴史的にいかにして展開してきたのかを追ったものであり、より具体的には、軍事大国スペインを財政的に支えたジェノヴァ、オランダ、イギリス、アメリカという順でヘゲモニー国が遷移して行った歴史過程とその内的論理を追跡している。

一九八〇年代に構想され一九九四年に刊行されたこの著作で、アリギは、二〇世紀末のアメリカの衰退と日本の勃興における特徴を指摘している。後述するが、その特徴は近代資本主義の歴史に照らして例のない、異常なものであるという。

アメリカがふたつの世界大戦を通じて確立したヘゲモニーは、一九七〇年前後に、明白

に揺らぎを露呈し始めた。それは、三つの分野で現れた。

アメリカ体制の危機の予兆は、一九六八年と一九七三年の間に、三つの独立しているが相互に緊密に連関している分野で、認められた。軍事的に、米軍はベトナムで深刻な状態に陥った。財政的には、アメリカ連邦準備制度理事会は、ブレトン・ウッズで確立した世界資金の生産と規制の様式を維持していくのが難しくなり、次いでは不可能となった。イデオロギー的には、アメリカ政府の反共十字軍が国内外で正統性を失い始めた。危機は急速に悪化した。一九七三年までに、アメリカ政府はすべての戦線で撤退した。

それ以降一九七〇年代に、アメリカのパワー戦略は、基本的に世界の統治的役割を無視するものとなった。アメリカ内の支配者集団は、もはや自分たちで世界を統治できないから、世界は自主管理でいって欲しいといっているかのようであった。その結果、まだ戦後の世界秩序で残っていたものまでもが、いっそう不安定となった。イラン革命（一九七九年）と人質事件の危機（一九八〇年）で、アメリカのパワーと威信は急速に低下した。[1]

本書で論じてきた日本の近代後半の第一期（国体の形成期）から第二期（国体の相対的安定期）への転換は、実にアリギの記した右の文脈において生じた出来事であった。ベトナム戦争の意味はきわめて大きい。それは、アメリカの軍事的威信を傷つけ、国家財政を圧迫し、福祉国家の建設（「偉大な社会」構想）を挫折させ、そして何よりも、アメリカが体現し守護すると自称してきた正義と自由に対する広範な不信感を目覚めさせた。それらの動揺の政策への直接的な現れがいわゆる「ふたつのニクソン・ショック」であった。

このように、いまからすでに四〇年以上も前からアメリカの超大国としての地位がはっきりと揺らぎ始めていたにもかかわらず、その地位がいまだ決定的には失われてはいないことは、あらためて驚くべき事実である。

▼アメリカが日本に与えたもの

そして、そのアメリカのヘゲモニー維持の理由のひとつが、ほかならぬ日本である。その具体的過程は後述するが、何よりも重大なことは、一九七一年に突如発覚した米中国交正常化の交渉が意味していたのは、アメリカが「中国封じ込め政策」を転換するということであった。

対ソ戦略に加え、「中国封じ込め政策」という大方針があったからこそ、戦後日本に対してアメリカは寛大な保護の庇《ひさし》を政治経済の両面で積極的に差し出した。アリギは言う。

> 一九六〇年代には（中略）、アメリカは、この諸国「日本とその旧植民地」が日本中心の地域的貿易ネットワークに相互に統合されることを推進し始めた。この目的を達成するために、アメリカ政府は、韓国と台湾が日本の植民地主義の過去を乗り越え、日本の貿易と投資に対し門戸を開くようにと、積極的に奨励した。このようにして、日本はアメリカの覇権下で、経済的後背地を何のコストも支払わずに獲得した。この後背地は、二〇世紀の前半に日本が領土の拡大で獲得することを目的とし、そのためにあれほど懸命に戦ったものであるが、最終的に第二次世界大戦での惨敗で失ったものである。[2]

戦後の日本にとって生じたことはきわめて逆説的であったとアリギは指摘している。つまり、あの戦争での勝利を通じて獲得ないし防衛しようとしたものを、戦争に負けることによって獲得した。アメリカが戦後日本に与えたのは、民主主義のみではなかった。

しかし、共産中国に対する「封じ込め政策」をアメリカが取り下げたことは、日本経済が繁栄する条件の来たるべき根本的な転換を予示する。

アメリカの反共産主義政策の展開は、大枠で言えば、一九六〇年代に深刻化した中ソ論争を機として中国への接近を図ることで、中ソの離反を促進し、ソ連への圧力を高め、その延長線上で一九八九年以降のソ連東欧圏の崩壊を導いた。米中国交正常化は、このプロセスの始まりを印すものだった。

このプロセスの進展に伴って、アメリカが日本の寛大な保護者の役割を果たす具体的理由が失われてゆく。

▼「偉大なアメリカの回復」

かくして、アメリカにとっての一九七〇年代は衰退の雰囲気が濃厚な暗い時代となったが、この延長線上に今日のトランプ政権の「偉大なアメリカを取り戻す」のスローガンも理解されるべきであろう。

ドナルド・トランプがニューヨークの不動産業者として頭角を現したのがレーガン政権期（一九八〇年代）であったことは、何とも示唆的である。レーガン大統領こそ、「偉大なアメリカを取り戻す」の元祖であったと言いうるからである。レーガンは、七〇年代を通して翳《かげ》りが見えてきた「アメリカの偉大さ」を取り戻してくれるとの期待を背負ったリーダーとして、振る舞ったのである。

しかし、その内実は、きわめて両義的なものであった。すなわち、レーガノミクスと称する経済政策は、いわゆる「双子の赤字」（財政収支と貿易収支の赤字の並列）という危機に対応するものとして本来構想されたはずだった。しかし、減税すれば人々の労働意欲が増して生産性が上昇し、アメリカの製造業の国際競争力が回復するに違いない、という極度に主意主義的な政策は目論見を外した。

他方、金融引き締めと政権初期に採られた「強いドル」（ドル高）政策、そしてグラス＝スティーガル法の骨抜き化に代表される金融資本への規制緩和政策は、世界のマネーをアメリカへと引きつけ、カジノ資本主義化をもたらした。かくして、結局のところ、経済面で言えば、製造業の競争力回復ではなく、資本主義の金融資本主義化が「偉大なアメリカの回復」の手段となった。

レーガンを継いだ父ブッシュ政権は、一九九一年の湾岸戦争によってアメリカの軍事力に「世界の警察」の称号をあらためてもたらし、そしてソ連を崩壊に追い込み、ついに宿敵たる共産主義を滅ぼした。つまり、軍事とイデオロギーの次元において「偉大なアメリカ」を達成したわけだが、経済停滞のためにビル・クリントンに大統領の座を奪われる。

クリントン政権の時代に、情報技術の発展にも背中を押されつつ金融資本主義の高度化が推し進められた。この路線は子ブッシュ政権に引き継がれ、そして二〇〇一年の九・一一同時多発テロ事件以降、アメリカは「対テロ戦争」に突入する。ネオコン派によって支配され、キリスト教原理主義勢力によって支持された子ブッシュ政権の「先制攻撃ドクトリン」と、それに基づくイラク戦争がアメリカの国際的信頼性を著しく棄損するなかで、金融資本主義化はその矛盾を露呈し、二〇〇八年のリーマン・ショックを引き起こす。

そうしたなかで登場したバラク・オバマ政権は、内外から熱い期待を集めた。まさに、有色人種初の米大統領であり、正義感あふれる弁舌さわやかなこの政治家に、「偉大なアメリカの回復」を世界が見ようとしたのである。しかし、この期待が失望へと変わっていったのがオバマ政権の八年間であった。カジノ資本主義への規制は進まず、軍事においても軍産複合体との本格的な対決はなされず、ドローン兵器の使用拡大は、対テロ戦争が煽り立ててきた激烈な反米感情にさらに油を注いだ。

このように見てくるとわかるのは、レーガン大統領以来四〇年近くにわたって、「偉大なアメリカを取り戻す」というプロジェクトは延々と継続されてきた、ということだ。それは言い換えれば、このプロジェクトが失敗を続けてきたということでもある。そして、トランプ政権登場によって、「偉大なアメリカの回復」は単なる言葉となり、大統領のキャラクターと相俟《あいま》って、何か冗談じみたものとなるに至った。

しかし、トランプがこの言葉のみを連呼するという徹底した戦術によって大統領選に勝利したことの意味は大きい。それは、「アメリカの偉大さ」が現に失われていることに対する痛切な意識がアメリカ国内に広まっていることを物語っているし、「アメリカの偉大さ」に翳りが見え始めた一九七〇年から五〇年近くが経とうとしているにもかかわらず、この観念はいまだ見捨てられていないことをもまた、物語っている。

▼なぜアメリカから日本にへゲモニー交代が起きなかったのか

問題は、この過程がどのように日本の「戦後の国体」に作用してきたのか、そして逆に日本の存在がこの過程にどのように作用してきたのか、ということである。

ウォーラーステインを筆頭とする世界システム論者は一時、アメリカの衰退と日本経済の上昇によって、世界資本主義の歴史におけるヘゲモニー国の交代が、アメリカから日本へというかたちで起こる可能性を指摘していた。しかし、現実にはそれは起こらず、彼らは今日ではそうした見解を事実上完全に取り下げている。

「失われた二〇年」を通過したいまとなっては、なぜそうした可能性が語られ得たのか、不可思議の感を禁じ得ない。だが、そのような状況が一時存在したことも確かなのである。それではなぜ、ヘゲモニー国の交代が起こらなかったばかりか、日本の対米従属が現在においてより一層強固なものとなったのだろうか。

「ジャパン・アズ・ナンバーワン」とまで言われ、日本の経済的優位が絶頂を迎え、日本からアメリカへの資本移動が盛んに行なわれた一九八〇年代に関して、アリギは次のように述べている。

日本からアメリカへの資本の流れは（中略）異例のことではなかった。むしろ、二つの世界大戦中に、衰退期の資本主義大国（イギリス）に対して勃興期の資本主義大国（アメリカ）が経済支援を行ったのと似ている。一九八〇年代の米ソ対立とは異なり、英独対立はもちろん「熱い」戦いであって、「冷たい」戦いではなかった。しかし、どちらの対立においても、経済支援の要求が存在し、勝者を「支援する」ことから利益が見込めたという点では同じである。

第一次、第二次世界大戦中のアメリカの対英経済支援と、第二次冷戦期の日本の対米金融支援の最大の違いは、その結果にある。アメリカは膨大な利益を獲得したが、日本の場合、そうはいかなかった。[3]

ふたつの世界大戦を通じて起きたイギリスからアメリカへのヘゲモニー国の交代においては、「アメリカの金融資本は最後まで、崩壊しつつあったイギリス世界市場システムを守ろうとした」[4]にもかかわらず、アメリカで生まれた組織化におけるイノベーションの産物である「垂直統合・官僚主義的経営・多単位構成型の企業体」[5]が、世界中の市場で覇権を握り、莫大な利益を上げるようになった。

これに対して、アメリカから日本へのヘゲモニー交代が起こらなかった最大の理由を、アリギは一九八五年九月のプラザ合意以降のドル価値の切り下げに見出している。レーガン政権は、財政が悪化するなかで減税と軍拡を行なったが、それを大量の米国債購入によってファイナンスしたのは日本だった。そして、「強いドル」政策は放棄され、ドル価値は下落する。プラザ合意当時、一ドル＝二四〇円であった為替レートは、一九八七年二月には、一ドル＝一四〇円台に到達した。つまり、為替レートの変動を通じて、アメリカの借金は棒引きされたのである。[6]

▼経済的敗戦

アリギはさらに、日本の資本が対米進出した際に直面した文化的および政治的困難に言及している。三菱地所によるロックフェラー・センター買収やソニーによるコロンビア映画の買収、松下電器産業によるＭＣＡの買収は米世論の憤激を引き起こしたが、それは文化的障壁（より端的に言えば、人種差別）である。

そして政治的障壁としては、「アメリカ政府は、国内で雇用を創出し、国際収支の赤字を埋めてくれる工場、生産設備への日本の投資を歓迎し」つつ、「同じ日本資本が、利益が多く戦略的に重要な産業を乗っ取ることには、強く反対した」[7]。

かくして、これらの資本輸出は、現地生産の拡大による対米輸出の減少という犠牲を払った部門を除き、総じて失敗に終わる。アリギはこう結論づける。

要するに、現在の金融拡大期における日米関係で本当に異常なのは、日本の資本が一九八〇年代初頭にアメリカへと向かった点ではなくて、米ソ間の冷戦の最終緊張段階でアメリカを経済的に助けたのに、日本の資本はほとんど利益に与らなかった点である。[8]

これらの過程は、日本では「マネー敗戦」（吉川元忠《きっかわもとただ》の著書タイトル）として九〇年代末に大衆的な注目を集めた。吉川の著作は話題を呼び広く読まれたが、親米的な主流派エコノミストは、これを無視するか、「暴論・極論」の類として非難したのであった。アリギのような中立的な第三者から見れば「本当に異常」としか見えない事態が、日本では異常とは受け取られないところに、「国体の神秘」がある。

▼「日本のアメリカ」という倒錯

異常なのは、日本の資本が利益を追求しなかったことだけではない。日本の政治も経済も、単に利益を上げることに失敗しただけでなく、戦後日本の政治経済的利益を支えてきた構造を自ら進んで破壊したと言える。

その構造とはもちろん東西冷戦構造であり、レーガン政権による冷戦再燃政策は、ソ連を再び軍拡競争へと引き込み、崩壊へと導いたが、その財政的なお膳立てをしたのはほかならぬ日本だったからである。共産圏との対決という大枠の構造があるからこそ、アメリカは日本を庇護する具体的理由があり、日本からすれば対米従属が自己利益につながる仕組みが存在していたわけだが、この仕組みを壊すことに日本は積極的に加担し、「共産主義を最終的に打ち破った偉大なアメリカ」を実現させたのである。

つまり、「偉大なアメリカの回復」という観念を四〇年間近くにわたってアメリカが弄ぶことを可能にした要因——少なくともその一部——は、日本の自己犠牲的な献身であった。

われわれはここに、「国体の弁証法」を見ることができるだろう。

「戦前の国体」は、「天皇の国民」から「天皇なき国民」を経て「国民の天皇」という観念に至ったが、同様に、「戦後の国体」は、「アメリカの日本」から「アメリカなき日本」を経て「日本のアメリカ」へと至った。すなわち、「日本の助けによって偉大であり続けるアメリカ」を生み出した。

そして、「戦前の国体」が「国民の天皇」という観念によって支えられることによって自己矛盾に陥り、崩壊したのと同じように、「日本のアメリカ」もまた自己矛盾を深めてきたのである。

2　異様さを増す対米従属

▼収奪攻勢としてのグローバリゼーション

日本のバブル経済を背景とした対米資本進出、アメリカでの「日本叩き」の発生、そしてバブルが崩壊した後は、周知のように、坂道を転がり落ちるかのごとくであり、政治経済両面での「失われた二〇年」(それは三〇年になりつつあるが)へと日本は突入する。

この間、一九八九年に日米構造協議が始まり、アメリカは「日本の市場の非関税障壁による閉鎖性」を批判し、これを是正せよと迫るようになる。日米構造協議は、後に日米包括経済協議と名前を変え、さらに年次改革要望書となる。二〇〇九年に成立した鳩山由紀夫政権がこれを一旦廃止するが、菅直人《かんなおと》政権に交代するとすぐに日米経済調和対話なる枠組みがつくられ、TPPへとつながってゆく。

これらすべては、「グローバリゼーションへの対応・推進」の名の下に、アメリカに本拠地を持つ場合の多いグローバル企業が日本の市場へ参入する道筋をつくるものだった。「市場への参入」と言えば穏やかに聞こえるが、その実態は生易しいものではない。

TPP交渉の過程で明らかになったように、日米構造協議において発明された「非関税障壁」の概念は肥大化し、「グローバル企業が拡大展開する際に障害になりうるすべての事象」を意味するようになってきている。つまり、国民生活の安定や安全に寄与するための規制や制度すべてが、論理上、この「障壁」にカテゴライズされうるのである。この延長線上で今日懸念されているのは、たとえば、日本の国民皆保険制度に対する攻撃である。ウォールストリートの金融資本から見れば、普遍的な公的健康保険の存在は「参入障壁」であり、取り除かれるべきである、ということになる。

こうした動向は新自由主義的グローバリゼーションの一環であり、日米間でのみ生じてきた現象ではもちろんない。資本の権力が肥大化し、人々の直接的生活に関わるあらゆる領域から容赦なく利潤を上げようとする傾向は、世界中で観察されうる。

しかし、日本の場合、際立っているのは、こうした動向に対する批判の声があまりにも小さいことである。たとえば、大手新聞メディアにしても、TPPをアメリカあるいはグローバル企業による新たな収奪攻勢としてとらえるという論調は、ほとんど見られなかった。むしろ、アメリカ発の「非関税障壁への批判」を「日本社会の閉鎖性」といった曖昧な概念によって擁護する論調が九〇年代以降、急速に力を伸ばした。

そしてその挙句に、アーミテージ＝ナイ・レポートのごとき、公然たる内政干渉が大した違和感もなく通用する（政権の政策と一体化する）という状況が、二〇〇〇年代以降通常のものとなった。

▼対米従属の逆説的昂進

ひとことで言えば、「異様なる隷属」である。再びアリギを参照するならば、こうした状況に至る前には、次のような段階があった。

親米的な自民党政権のもとでさえも、日本はアメリカの命令に従う理由をみつけるのが、ますます困難になっていた。現実にアメリカの命令に従ったときでも、一九八七年以降の日米関係の実態は、日本の投資がますます、アメリカからアジアへと振り分けられるというものであった。日本の資本は、アメリカで莫大な損失をした後になってやっと、アメリカの技術と文化を乗っ取ろうとする無駄な試みや、アメリカのますます無責任な軍事的ケインズ主義に資金を提供することでは、最大の利益は生まれてこないことに気づいた。その反対に、最大の利益を上げるには、アジアの労働資源をもっと徹底的に、もっと広く活用することが必要であった。[9]

アリギの言う通り、一九九〇年代は、日本経済にとっての最重要地域がアメリカからアジアへとシフトした時代となった。貿易においても、輸出先としても輸入先としても、最大のシェアを占める相手が、九〇年代前半にはアメリカからアジアへと変わったのであった。

それは、右に論じられている通り、日本の資本が利潤を上げ続けるにあたって必然的に促された事柄であった。してみれば、九〇年代から盛んに喋々《ちょうちょう》されるようになった「バズワード」としてのグローバリゼーションとは、下部構造的に見れば、日本経済のアジアとの関係深化と対米依存性の軽減、つまり少なくとも経済的次元では、脱米入亜の傾向の必然性を意味していた。

だが、アリギも見通せなかった驚くべきことは、紆余曲折を経ながらも、結局のところ、自民党を中核とする日本の政治権力は、「アメリカの命令に従う理由をみつける」ことに狂奔し、それに成功してきた、ということだ。

西欧の多数の有力国が批判したイラク戦争への賛同と支援を代表として、日本の政治面での対米従属は、それを必然化してきた経済的下部構造が失われた時にこそ、逆説的にも強化されてきた。

そして、脱対米従属を志向した鳩山民主党政権の成立は、その過程における例外的な事例であったが、結果としてそれは、対米従属をこれまでになく露骨に強化する激しい反動を呼び起こすこととなった。

▼軍事的従属

なぜこうした異様な事態が生じるのか。頻繁に口にされる標準的な答えは、軍事的従属のためというものである。すなわち、経済分野では戦後日本は、一時的また部分的にアメリカを凌駕し、脅威の感すら与えるまでに至ったが、日米安保体制に基づく対米依存はあまりに深いため、経済的成功は対米自立を意味しようがなかったのである、と。

こうしたタイプの言説は、引き合いに出すことのできる歴史的事実を豊富に持っている。日本の戦後復興と発展そのものが、アメリカの差配による。諸国からの対日賠償請求の抑制に始まり、朝鮮戦争特需によって再建の足掛かりを与え、アメリカの市場を開放し、そして何よりも、平和憲法によって軍事力の保持と行使を規制されている日本に在日米軍という世界最強の軍事力と「核の傘」を与えることで、日本に軽武装・経済優先という国策路線（「吉田ドクトリン」）を採ることを可能にさせた。

また、先に見たアリギの言葉にあったように、日本の資本がアジア圏を市場として、後には労働力の源泉として活用できたのも、アメリカが軍事力を背景にアジアの広大な領域を自己の勢力下に置いてきたことを背景としている。言うなれば、「アメリカのシマ」で日本の資本は商売をさせてもらってきたのだ、と。

軍事力の突出がアメリカのヘゲモニーを、その衰退にもかかわらず維持させる要因となってきたことは、事実の一面ではある。

たとえば、アメリカが侵略的性格の強いイラク戦争にあえて踏み切った最大の理由は、イラクのフセイン大統領が二〇〇〇年一一月に同国の石油取引をドル建てからユーロ建てへと変更したことにある、との説は有力である。

ニクソン・ショック以降、金による裏づけのない通貨となった米ドルが基軸通貨としての地位を保ち続けている背景には、金融のグローバル化を推進することで世界中の資本をアメリカに流入させるという戦略に加え、ドル以外によっては購入できない戦略商品が多数存在することがあり、その筆頭が石油である。つまり、ドルの地位は制度化された商品本位制によって、事実上支えられている。

イラクのごとき重要な産油国が石油取引の通貨をドルから切り替えることは、この制度に対する挑戦を意味し、ドルの基軸通貨としての地位を脅かす。アメリカの官民の負債が増え続けるなかで、米ドルの価値が崩壊するのではないか、という懸念はすでに長い間ささやかれてきた。この憂いを絶つために、アメリカはイラク戦争を決行してフセイン政権を打倒した、と見られているわけである。

この見方が正しいとすれば、アメリカの巨大な軍事力は、常に財政状況を圧迫する火種であると同時に、アメリカにヘゲモニー国家としての地位を保たせている究極の要因である。

3 隷属とその否認

▼奴隷の楽園

しかし、ヘゲモニー国家は軍事的にも最強国であるという一般的な原則は、現在の日本がこれまで踏襲してきた対米従属路線をさらに追求しなければならない理由にはならない。端的に言えば、日本の対米従属の問題性の核心は、日米安保条約でもなければ、大規模な米軍基地が国土に置かれていることでもない。

ドイツを見てみればよい。かの国も、アメリカと軍事同盟（NATO）を結び、日本同様敗戦国として大規模な米軍基地を受け入れているが、日本のような卑屈な対米態度をとっていない。

戦後の日米間の国力格差もまた、問題の本質ではない。

フィリピンを見てみればよい。かの国は、一旦は米軍基地を追い出し、対中関係が緊張するなかで今日また米軍の軍事力を利用しようとしている。アメリカは強く豊かで、我が国は弱く貧しかったから従属するほかなかったという言辞は、下手な言い訳でしかない。

日本が巨大な米軍基地を受け入れている理由も、歴史的に二転三転してきた。それは、始まりにおいては敗戦の端的な結果であったのが、「東西対立における日本防衛」へと転じ、日本への直接的な脅威という理由づけの説得力が薄れると「自由世界の防衛」へと転じた。そして、共産圏が消失すると「世界の警察」による「正義」の警察行為のためであるとされ、この「正義」も怪しくなってくると「中国の脅威」、「暴走北朝鮮の脅威」への抑止力であるとされるに至った。これらの二転三転は、これら言われてきたことすべてが真の理由ではないことを物語っている。

つまり、対米従属の現状を合理化しようとするこれらの言説は、ただひとつの真実の結論に決して達しないための駄弁である。そしてそのただひとつの結論とは、実に単純なことであり、日本は独立国ではなく、そうありたいという意思すら持っておらず、かつそのような現状を否認している、という事実である。

ニーチェや魯迅《ろじん》が喝破したように、本物の奴隷とは、奴隷である状態をこの上なく素晴らしいものと考え、自らが奴隷であることを否認する奴隷である。さらにこの奴隷が完璧な奴隷である所以は、どれほど否認しようが、奴隷は奴隷にすぎないという不愉快な事実を思い起こさせる自由人を非難し誹謗中傷する点にある。本物の奴隷は、自分自身が哀れな存在にとどまり続けるだけでなく、その惨めな境涯を他者に対しても強要するのである。

深刻な事態として指摘せねばならないのは、こうした卑しいメンタリティが、「戦後の国体」の崩壊期と目すべき第二次安倍政権が長期化するなかで、疫病のように広がってきたことである。

▼「愚かしい右翼」の台頭

自民党所属国会議員である山田宏は、二〇一八年一月一六日に自らのツイッター・アカウント上で、次のように書いている。

沖縄県名護市長選挙が始まる。翁長知事の「オール沖縄」という名の親中反米反日勢力と共にある現職は、名護市政をすっかり停滞させてしまった。沖縄を反日グループから取り戻す大事な選挙。

もはや論評のために取り上げるのも汚らわしいが、有名無名の人間によるこの手の発言の氾濫はすでに常態化し、われわれはそれに慣れさせられてしまっている。しかもこれは、いやしくも与党の国会議員による発言である。このような愚劣かつ品性卑しい発言をする政治家と政治勢力が、現に正式な手続きに基づいて権力を賦与され支持されているという事実の悲惨さには、あらためて瞠目せねばならない。

一九八〇年代に中曾根康弘政権のブレーンを務めた政治学者の香山《こうやま》健一は、当時次のように述べていた。

左翼が強く、我が国にも社会主義政権が成立する危険が現実に存在し、また周辺の国際環境も冷戦とアジア共産主義の勃興、浸透が進んでいた一時期に、我が国の政権党であった自由民主党が戦前保守と戦後保守の大連合、リベラルと右翼的諸勢力の連合という形で辛うじて多数派を形成しなければならない時期があったことは政治の現実ではありますが、衆参同日選挙に示された民意は自由民主党が左右両翼を切って新たな健全な国民的多数派を形成しつつあることを明確に示しております。労働組合のなかの自民党支持率も急上昇しつつあります。このようなことを考慮に入れますと、我が国社会の一部に存在する右翼的勢力――それは第一に戦争と侵略への深い反省がなく、第二に日本の国体、精神文化の伝統について全く誤った、ゆがんだ固定観念に凝り固まっており、第三に国際的視野も、歴史への責任感も欠いております。こうした愚かしい右翼の存在と二重写しにされることは馬鹿馬鹿しいことだと思います。[10]

この一節は、戦後の穏健で理性的であることを標榜する親米保守派が何を見落としてきたのかを赤裸々に物語っている。

まず、前半部において、香山は、自らがコミットしている政治勢力が旧ファシスト勢力（「戦前保守」「右翼的諸勢力」）と手を結んだことを率直に認めている。それは、激しい東西対立、共産主義の勢力拡大という情勢下において余儀なくされた緊急措置であったのだ、と。

しかし時代は変わったのだ、と香山は続ける。労働者階級に訴求していた共産主義の魅力とは粉飾にすぎなかったことが明らかになったのであり、着実に国民経済を発展させてきた自民党政権を労働者階級も支持しつつある。つまり、共産主義はもはや脅威ではない。したがっていまや、かつて緊急措置として結ばれた旧ファシストとの同盟を解消しなければならない。なぜなら彼らは、どうしようもなく愚劣だからだ、と。

このような香山の認識が示されてから三十余年を経て、自民党は「愚かしい右翼」によって占拠されるに至った。戦後日本が受け入れたとされる自由主義・民主主義・立憲主義といった近代主義を普遍的価値として奉ずる体制内保守（「戦後保守」）は、放逐されるか、沈黙するか、「愚かしい右翼」に仲間入りした。かくして、「自由民主党が左右両翼を切って新たな健全な国民的多数派を形成しつつある」との香山の見立ては、全くの希望的観測にすぎなかった。

なぜこのような悲惨な結果が招かれたのか。それは、合理的な親米保守が「愚かしい右翼」をついに粛清しなかったからであり、そのことは「戦後保守」が自らを「戦前保守」から隔てるべき決定的な差異を自覚できなかったことを意味するだろう。この無自覚は、「戦前保守」と「戦後保守」には明確な違いがあるとの香山の見方とはむしろ逆に、両者はシームレスにつながっていることを示唆する。

そして、そのつながりの核心とは、論じてきたように「国体護持」である。「戦前保守」は「戦前の国体」を無批判に肯定する（＝国体は完全に無傷であるとする観念的国体護持）一方、「戦後保守」は対米従属路線を唯一の合理的で現実的な選択であると信じながら、それが実は「国体の再編成」として選択されたこと、「戦後の国体」として形成された（＝アメリカを媒介とした国体護持）ことの意味を考えなかった。

香山のような、合理的親米保守派の立場から「戦後保守」の旧ファシスト勢力との共犯の事実を正面から批判した者でさえ、その意味の重大性を見透《みとお》すことができなかったし、今日でも「親米路線の合理性」を語る論者たちにおいて状況は同じである。

▼新しい「皇道」

そして、近代前半に「天皇なき国民」の状態がつかの間訪れたのと同じように、一旦「アメリカなき日本」が戦後の経済成長がその頂点に達した時に現出し、その後に、「国民の天皇」（戦前）、「日本のアメリカ」（戦後）という「不可能なもの」の時代がやってくる。

先に引いた今日の「戦前保守」たる山田宏の認識には、このような不条理が鮮やかに現れている。彼の認識では、辺野古新基地建設に反対する翁長雄志《おながたけし》沖縄県知事をはじめとする「オール沖縄」は、「親中」で「反米」で「反日」であるということらしい。現代の自称「保守派」の際立った特徴は、親米保守政権の打ち出す指針に対して批判的であることを「反日」であると同時に「反米」であると決めつけるところにある。ここにおいて「反日＝反米」、したがって逆に言えば、「愛国＝親米」という図式が、ほぼ自動的に選ばれている。

こうした言動は、現代の極右が、示威行動においてしばしば日章旗や旭日旗と一緒に星条旗を持ち込んで誇示していることと軌を一にしている。現代日本にとって、天皇とはアメリカであるという事実をこれほどまでに雄弁に物語る事象はないであろう。つまり、親米保守政権と異なる考え方や意見を持つことはすべて「反国体的」であり、星条旗への忠誠を誇ることは「皇道」なのである。

これは、奇怪なように見えてきわめてロジカルな帰結だ。なぜなら、「愚かしい右翼」にとって国体は無傷で護持されなければならないと同時に、現実問題として国体護持はアメリカによる媒介抜きにはあり得なかったのであるから、両者を両立させようとするならば、アメリカ自身に天皇そのものとして君臨してもらうほかないからである。

▼発狂した奴隷たち

かつ、特徴的なことには、「反日＝反米」にはさらに、「＝親中」という図式が定番的に付け加わる。沖縄の基地建設反対運動の参加者は中国から日当をもらっている、というような妄想がその典型である。

ここには「奴隷の思考」がわかりやすく表れている。この完全なる奴隷の思考回路においては、人間が自由な思考と意思から親米保守政権を批判し、行動することもありうるという現実を理解できない。ゆえに、その現実を自分の持っている間尺に合わせて理解しようとする。その結果、「あいつらは中国からカネでももらっているのだろう（そうでないはずがない）」という推断に至る。

だから、彼らにはことさらにフェイク・ニュースを流布しているという意識もないはずだ。彼らの妄想は、自分の奴隷の世界観に合わせて世界を解釈した時の「現実」そのものなのである。

もちろんここには、レイシズムも絡んでいる。

サンフランシスコ講和条約と日米安保条約の取りまとめ役を果たした、後の米国務長官ジョン・フォスター・ダレスは、戦後対日支配の要点を、明治維新以来形成されてきた、日本人の欧米人に対するコンプレックス（劣等感）とアジア諸民族に対するレイシズムを利用することだとみなしていた。すなわち、欧米人の仲間入りをしたいというコンプレックス、そしてアジアにおいては自分たちだけが近代人なのだという差別感情を上手く活用すれば、日本人はアメリカに従属する一方、アジアで孤立し続けるだろう、とダレスは見通していた。[11]

このコンプレックスとレイシズムの心理は、「アメリカに追いつけ追い越せ」の経済発展と、アジアにおけるアメリカの最重要パートナーとして、またアジアで突出して豊かな国となることによって（つまり、敗戦にもかかわらず、戦前と同じくアジアで唯一の一等国であり続けることによって）、満足を与えられた。

したがって、結局のところ、アメリカが戦後日本人に与えた政治的イデオロギーの核心は、自由主義でも民主主義でもなく、「他のアジア人を差別する権利」にほかならなかった。

そして現在、「欧米人の仲間入り」の願いは、日本資本が対米進出を企てたバブル期に、アメリカのレイシズムの現実の前で挫《くじ》かれ、経済的衰退と中国をはじめとするアジア諸国の台頭は、「アジアにおける唯一の一等国」という観念を無惨なほど根拠なきものとしてしまった。その結果が、右に見てきた、一種の集団的発狂である。発狂した奴隷というものがいかにおぞましいものであるのかを、日本人は日々証明しつつある。

二〇一二年末に始まった第二次安倍晋三政権の時代は、「戦後の国体」の崩壊期にまさにふさわしい光景が繰り広げられた期間であった。重要なのは、安倍政権が消え去ったところで、社会と個人の劣化が自動的に止まるわけではない、ということだ。

安倍政権は、夜郎自大の右翼イデオロギーと縁故主義による醜態をさらし続けたが、それが長期政権化した事実に鑑みれば、原因を「一部のおかしな人たち」に帰することは到底できない。世論調査によれば、安倍政権支持者の最多の支持理由は「他に適任者が思い当たらないから」というものであるらしいが、言い得て妙である。現在の標準的な日本人は、コンプレックスとレイシズムにまみれた「家畜人ヤプー」(沼正三)という戦後日本人のアイデンティティをもはや維持することができそうにないことをうっすら予感しつつも、それに代わるアイデンティティが「思い当たらない」ために、鏡に映った惨めな自分の姿としての安倍政権に消極的な支持を与えているわけである。この泥沼のような無気力から脱することに較べれば、安倍政権が継続するか否かなど、些細な問題である。

▼改憲論争の盲点

4　ふたつのアイデンティティ

このような精神状況が蔓延するなかで、親米保守勢力の主導する改憲が具体的な政治過程に入ってくることとなる。改憲派と護憲派の論争は一層かまびすしくなるだろう。

しかし、本書の議論からすれば、「改憲か護憲か」という問題設定は、疑似問題にすぎない。第五章で論じたように、最高法規であるはずの日本国憲法の上位に、日米安保条約とそれに付随する日米地位協定および関係する種々の密約がある。そのような構造を放置したまま、憲法を変えようが護《まも》ろうが、本質的な違いはない。

とはいえ、憲法九条の存在のために、日本はベトナム戦争のごとき不義の戦いに参戦せずに済み、イラク戦争においても部隊こそ派遣したがいわゆる戦闘行為には参加しなかったことを、筆者は心底幸いであったと考える。また、日本会議のごとき愚劣きわまる右翼勢力に主導された改憲という事態は、悪夢そのものであると確信する。

しかし他方で、護憲派の「九条を守れ」という主張に、単純に声を合わせることもできないと感じざるを得ない。

無論、護憲派にも多様な立場があり、このスローガンによってすべての護憲派を代表させてしまうことは暴力的な単純化なのだが、改憲問題が政治過程に入れば、九条を「変える／変えない」というかたちで論争が展開される可能性が高い。

「九条を守れ（それによって平和を守れ）」というスローガンに一体化できない理由は、日米安保体制の現実が、九条の存在をはるかに追い越しているという点にある。

誰でも知っているように、日本は、日米安保条約に基づき、広大な国土をアメリカの軍事基地のために提供し、その駐留経費の約七五％（二〇〇二年のデータ）を負担している。[12]この負担率は、ほかの米軍駐留国と比較して断トツの一位であり、ドイツの倍以上に達している。これほどの好条件で提供された大規模な軍事施設の存在を抜きにして、アメリカの軍事的世界戦略は到底遂行し得ない。

平和運動家の梅林宏道は、一九九五～九六年にかけて日米間で行なわれた「安保再定義」について、まずアメリカ側の認識を次のようにまとめている。

> つまり、日米安保体制とは、締結時に意図した対ソ防衛体制ではもはやなく、米軍の全地球的（超地域的）な展開を支える体制であるというのが、米国の認識となり、公然と語られるようになっていたのである。[13]

本来ならば、この時期は、東西対立の終結を受けて、日米安保体制に対する抜本的な見直しや在日米軍基地の大幅な縮小等を、強い説得力を伴って展望可能なタイミングであるはずだった。

しかし、日米両政府はそのような意図を全く持たなかった。このアメリカ側の「認識」に対して、日本政府の側は次のように応えたという。

一九九五年四月の段階で、防衛庁が用意した文書は、「わが国の安全に対する直接的脅威が目に見える形で差し迫っていない」という状況認識を示したうえで、日米安保体制についての新たな役割を、「世界の安定維持に関する米国の活動を、日本が支援するための不可欠の枠組み」と規定していた。[14]

要するに、日本にとっての脅威が存在しなくても米軍は駐留を続ける、ということである。「在日米軍は日本を守ってくれるために駐留している」という日本人の「漠然たる常識」は、ほかならぬ日本政府によって否定されている。

かつ、この時期は、一九九五年九月に沖縄で海兵隊員による少女に対する集団暴行事件が発生し、当地での基地反対運動が激化、大田昌秀沖縄県知事（当時）は土地の強制使用のための代理署名を拒絶するに至るという、日米安保体制の陰の部分が爆発的に露呈した時期でもあった。

沖縄の烈しい怒りに直面したアメリカは、沖縄の基地全般を維持できるかどうかを危惧さえしていた。しかし、「安保再定義」は、アメリカの当初の意図を基本的に実現するかたちで、橋本・クリントンによる「日米安保共同宣言――21世紀に向けての同盟」（一九九六年四月）としてまとめられる。

そして、「世界の安定維持に関する米国の活動」は、この共同宣言から五年後の九・一一同時多発テロを受けて、「対テロ戦争」というかたちを取ることとなる。周知のように、この戦争は全く終わりの見えないものとなり、「安定維持」どころか不安定の連鎖をもたらした。その間、一九九六年の「安保再定義」が打ち出した方向性に従って、日米の軍事協力、より端的に言えば、軍事力の一体化は進み、二〇一四年の集団的自衛権を行使容認する閣議決定へと至る。

大局から見れば、この閣議決定に基づく新安保法制が違憲であるのかどうか、立憲主義を侵すものであるのかどうか、といった争点は氷山の一角にすぎないことは否定できないであろう。

米軍によるグローバルな戦争遂行、それによる激しい悲しみと憎しみの喚起ということにおいて、日本が集団的自衛権の行使を認めようが認めまいが、われわれはすでに十分に、米軍の共犯者である。つまり、憲法九条は現実にわれわれを平和主義者にはしていない。

▼矛盾の在り処——憲法九条と日米安保体制

また、憲法論の次元で言えば、矛盾の根本があるのは憲法の条文と自衛隊の存在との間にではなく、憲法と日米安保体制との間である。前者の矛盾は後者の派生物にすぎない。

そしてもちろん、こうした状況は最近生まれたものではない。占領統治時代に始まった朝鮮戦争は措《お》くとしても、ベトナム戦争において、根本的な構造は同じであった。この構造に対する反発が当時はベトナム反戦運動として燃え盛ったわけだが、それでもベトナム戦争を支持する自民党政権は相対的多数の国民の支持を受け続けたと同時に、同政権は「戦後憲法は国民に広く受け入れられている」という判断から、党是であったはずの憲法改正を棚上げにした。

つまり、戦後日本が憲法九条を持つ「平和国家」であるということとアメリカの戦争への世界最大の協力者であるということが、矛盾であるとは認識されず、奇妙な共存を続けてきたのである。元防衛官僚であり、退官後の現在は安倍政権による集団的自衛権の行使容認の決定を批判する論陣を張っている柳澤協二は、次のように語っている。

現実の日本のアイデンティティーは、唯一の被爆国であるとか、戦争は二度としないのだということを敷衍《ふえん》していく中で、自衛であっても戦争は許されないのだというような発想になっていったと思います。しかしもう一つのアイデンティティーとして、私が政府にいて推進していたのは何だと言ったら、アメリカにとってより良い同盟国であるというアイデンティティーでした。だから特に冷戦が終わってから、日本のアイデンティティーは何だと問われて、アメリカの同盟国であるという以外になかなか出てこない。結局、アメリカがやろうとすることをいかにお手伝いできるか、たくさん手伝えるほうがいい同盟国であるというものでしかありませんでした。[15]

けだし率直な弁だと言うべきであろう。ふたつのアイデンティティ間の矛盾はあまりにも明白だ。なぜなら、同盟国アメリカは普通の国ではなく、第二次世界大戦後もほとんど間断なく戦争をし続けてきた国だからである。

その矛盾はいま、東アジアの情勢が流動化するなかで誤魔化しようのないかたちで姿を現した。仮にわれわれに、「アメリカの良き同盟国」（正確には、「ジュニア・パートナー」あるいは「属国」）というアイデンティティしかないのであれば、われわれは「アメリカ帝国の忠良なる臣民」としてアメリカの弾除けとなる運命を喜んで甘受すべきなのであり、安倍政権は戦後のどの政権よりも露骨にその方向へと舵を切った。

台頭する中国の脅威を強調することは、日米同盟対中国の図式をつくることによってアメリカを日本につなぎ止め、われわれに残った唯一のアイデンティティを確保するための必死の努力であるし、朝鮮半島危機についてのトランプ大統領の勇ましい言辞に接して「一〇〇％共にある」――それは、犠牲を受け入れる用意がある、ということと同義だ――と宣言することは、「大君《アメリカ》の醜《しこ》の御楯《みたて》と出で立つわれ」の決意を示すことにほかならない。

終章　国体の幻想とその力

1　国体の幻想的観念

▼「国体」の再定義

以上、われわれは駆け足で「国体」の二度にわたる形成・発展・崩壊の歴史をたどってきた。近代前半だけでなく戦後史を、国体概念を基軸としてとらえることの有効性ばかりでなく、今日顕在化した永続敗戦レジームの危機をとらえるうえで、この概念こそが不可欠な視角となることを立証しようと、筆者は努めてきた。

ところで、戦後に天皇制を語る際に繰り返し参照されてきた、「一木一草に天皇制がある」[1]という中国文学者の竹内好《よしみ》の有名な言葉がある。この言葉は、「天皇制的なるもの」が、天皇と実際に近接・接触している政治機構上部の統治エリートのなかで発生し、社会全体に一方的に押しつけられていったのではなく、日本社会の至る所で「天皇制的なるもの」が形づくられているとの指摘である。あの天皇制ファシズムという異様な統治構造は、それを受け入れる広範で肥沃な土壌があったからこそ、成立し得たのであると。

この指摘は、日本社会のさまざまな組織や共同体にボスと茶坊主たちによる不条理な支配が見られるという現実に照らして、正当である。

しかし、「天皇制的なるもの」が仮に空気のように遍在する、すなわち日本社会の在り方を永久に規定する定めにあるのならば、その支配から逃れることをわれわれは諦めるほかないであろう。つまり、天皇制に関する一見「深い」議論は、その克服の不可能性を結論することにしばしば帰着する。

それゆえ本書は、天皇制あるいは国体を、基本的にあくまで近代日本が生み出した政治的および社会的な統治機構の仕組みとしてとらえることに、自己限定した。一木一草の揺らぎにまで天皇制の痕跡を求めずとも、われわれは十分検証できるほど近い歴史的起源をたどることでその機能を把握できるはずだ、という確信に基づいてのことである。

本書はまた、天皇制の機能の根源を宮中祭祀に代表される天皇の司《つかさど》る儀式に見出す、という方法も採らなかった。民俗学や歴史学によって、天皇の権威や権力の起源が、制度的にどのように確立され展開されてきたかについては、研究が進められてきた。古代天皇制の権威や権力の起源が祭祀王としての地位にあり、その記憶が大嘗祭《だいじょうさい》をはじめとする今日の宮中祭祀にまで伝承されていることは確かである。

このことから、たとえば、民俗学者の赤坂憲雄《のりお》は天皇制は遠からず衰亡の道をたどらざるを得ないと結論している。いわく、「わたしたちの生きてある現在はたぶん、天皇制の宗教的かつ儀礼的な構造をささえてきた物質的な基盤が、やがて根こそぎに失われようとしている未曾有の時代である。天皇という制度は避けがたく形骸化してゆく[2]」。「物質的な基盤」が「失われ」るとは、近現代日本において農耕社会が工業社会へ、さらにはポスト工業化社会にまで変転してきたことを指している。天皇による宮中祭祀の起源が農耕社会を前提としているのだから、その社会基盤が根こそぎ入れ替わってしまえば、天皇の執り行なう宗教的および儀礼的実践は、日本人にとってわけのわからないものとなるだろう、というのが赤坂の見立てである。

しかし、本書で見てきたのは、社会の主要な生産様式に支えられなくとも、近代日本において「天皇制的なるもの」は十分に機能しうる、ということである。それはなぜなら、少なくともわれわれにとって身近な天皇制とは、古代的意匠をまとった近代的構築物であり、天皇の存在そのものならびに天皇制という統治構造が、その出来の良し悪しはともかくとして、近代化を意図してつくられた装置にほかならなかったからである。そうであるからこそ、戦後においては、アメリカニズムと天皇との間に、代替可能性が生まれ、アメリカニズムはわれわれを取り巻く物質的生活において、それこそ「一木一草に」宿るものとなり得た。

歴史家の安丸良夫は、『近代天皇像の形成』において、「天皇制＝近代的構築物」との見方に基づいて、天皇制の基本観念を次の四つにまとめている。

①万世一系の皇統＝天皇現人神と、そこに集約される階統性秩序の絶対性・不変性
②祭政一致という神政的理念
③天皇と日本国による世界支配の使命
④文明開化を先頭にたって推進するカリスマ的政治指導者としての天皇[3]

一見してわかるように、安丸のまとめは、明治期に形成・確立された戦前の天皇制に対する簡潔な特徴づけである。だが、こうした特徴づけを直接的に戦後の天皇制に適用するならば、議論は即座に説得性を弱めることになってしまう。なぜなら、①〜④のいずれの機能も、今日の天皇制は担っていないからである。

主として近代天皇制の形成過程を扱っている『近代天皇像の形成』は、末尾部分で現代

における天皇制の機能について言及しているが、そこでは天皇が関与するさまざまな儀礼と国民の日常生活との乖離が指摘され、天皇制は「人畜無害の骨董品」[4]のごときものとなり、国民国家の統合原理として無力化する可能性が指摘されている。

しかしその一方で、同じ天皇制が、日本国家の統制する秩序の「基本的な枠組全体のなかでもっとも権威的・タブー的な次元を集約し代表するものとして、今も秩序の要として機能している」[5]とも述べられている。

率直に言って、この論旨は筆者には理解できない。なぜなら、一方で天皇制はもはや無力だと言われながら、他方で同時に、全く逆のことが主張されているからである。

かつ、ここでの天皇制は、第一義的には国民国家の統合原理として機能するものとしてとらえられているが、近代以降にも君主制が維持されている世界各国において、その機能は共通であるはずだ。しかし、安丸の論では天皇制と君主制一般とを明瞭に区別する原理は示されておらず、なぜ殊更に天皇制が批判対象として問題化されなければならないのか、根拠が不明である。

あるいは、近代国民国家が国民を均質化して統合すること自体がここでの批判の第一義的な対象であるのだとすれば、それにしたがって、統合の装置としての天皇制ないし君主制よりも、国民国家一般が第一義的な批判の対象とされるべきである。

▼「戦後の国体」の幻想的観念

戦前の天皇制については簡にして要を得た特徴づけに成功している議論が、天皇制の現在を扱おうとするや否や甚だしい混乱に陥るのは、なぜだろうか。それは、「戦後の国体」はアメリカという要因を抜きにしては考えられないからである。

翻って、このことは、安丸が行なったような特徴づけの内容は、「アメリカを頂点とする戦後の国体」の特徴として、別の意匠に翻案されて今日社会的に機能していることを意味する。したがって、これらの特徴づけは、その内容がアメリカによる媒介を経て変態したものとしてわれわれの目の前に現れているととらえるならば、「戦後の国体」に孕まれた幻想的観念を明瞭に映し出す力を持つ。

すなわち、「①万世一系の皇統＝天皇現人神と、そこに集約される階統性秩序の絶対性・不変性」における、「万世一系の皇統」の観念は、天皇による支配秩序の永遠性（天壌無窮）を含意するが、今日、外交の場面で大真面目で謳い上げられているのは、日米同盟の永遠性（天壌無窮）である。ここにおいて米大統領は神聖皇帝的性格を帯びることになるが、安倍政権による米大統領やその近親者に対する接遇の様式は、それを報じるメディアの報道姿勢と共に、この観念を裏書きするものであった。

また、この聖なる秩序についての幻想的観念は同時に全く現実的（現世利益的）なものでもあるのであって、政官財学メディアにまたがる日米安保マフィアの面々は、この観念の永遠化にどれだけ貢献しているかという業績に従って、「階統性秩序」のなかで位置づけをされる。

次に、「②祭政一致という神政的理念」における「祭政一致」のそもそもの意味は、司祭者が政治権力を保持する神政政治である。この司祭者＝政治指導者は、宗教的実践の原初的形態においては、五穀豊穣や大漁を祈るマツリゴトの場面で、祈念したり神の宣託を受けたりといった主役の役割を果たす。

今日の社会でこれに類似する機能は、「グローバリスト」たちによって構成される経済専門家（中央銀行関係者、経済学者、アナリスト等）集団が果たしている。市場の恵みの行方を占いその宣託を一般人に告げるのは彼らであり、常に怪しげな福音を説いて回ることによって、マルクス＝エンゲルスが「イデオローグの最初の形態」[6]と呼んだ司祭・僧侶階級と類似した社会的機能を果たしているが、彼らの首領たる中央銀行総裁は実際的な権力を兼ね備えている。ニューヨーク・ダウ平均株価の上下に一喜一憂し、最終的な政策決定者たる神聖皇帝（米大統領）の経済思想を懸命に忖度するといった現代のありふれた光景は、祭政一致の今日的形態であるとみなすことができる。

そして、「③天皇と日本国による世界支配の使命」は、戦前国体の「八紘一宇」のイデオロギーと直結するものであるが、その戦後的形態は「パックス・アメリカーナ」に見出されうる。後述するように、この観念こそが、今日最も差し迫った危険の原因として立ち現れつつある。

本書で強調してきたように、歴史的に言えば、日本はアメリカの同盟者として「冷たい戦争」を闘い、そこから受益しながら、勝者の地位を獲得した。アメリカは日本に代わって八紘一宇を実現してくれたのであり、日本はそれを助けたのである。しかし、この勝利は、ソ連・東欧圏の崩壊、共産中国の世界資本主義市場への統合をもたらし、共産主義の最終的敗北を意味したが、それは同時に、日本が冷戦構造から受益できる状況が失われたことをも意味した。

アメリカが失策を続けている中東の情勢や、激変しつつある東アジアの情勢に鑑みれば、パックス・アメリカーナの追求は、日本に利益をもたらすとは限らない。にもかかわらず、

「パックス・アメリカーナへの助力」以外の選択肢が一切思い浮かばないのであるとすれば、それはパックス・アメリカーナが合理的判断から推論される望ましい秩序ではなく、八紘一宇としてとらえられていることを意味するであろう。

最後に、「④文明開化を先頭にたって推進するカリスマ的政治指導者としての天皇」もまた、戦後におけるアメリカニズムの流入に鑑みれば、その機能を了解することができよう。無論、物質的生活・消費生活・大衆文化等々の諸領域におけるアメリカニズムの拡大は、第二次大戦後の世界の至る所で一般的に観察しうる事象である。「現代的であること＝アメリカ的であること」という定式は、二〇世紀後半の世界を席巻した。

アメリカニズムの流入の日本的特徴は、ネオリベラリズムの覇権獲得以降、顕在化したように思われる。すなわち、戦後日本の国民経済が成熟し、日常的な消費生活においてアメリカが「憧れの中心」の地位から去った後、「アメリカ的なるもの」は、「制度改革の原理」のようなより抽象的で、時に見えづらい次元で機能するようになった。労働慣行の改革や司法制度改革、大学改革等々、「グローバル化への対応」を旗印とした一九九〇年代以降の制度改革において、ありうべきモデルの参照先はまことにしばしばアメリカであった。つまり、「グローバル化への対応」は「平成の文明開化騒ぎ」の様相を呈し、その先頭に立つものとしてアメリカが引き合いに出されてきた。

目につくのは、これらの改革が総じて失敗しているにもかかわらず、停止されないことである。例を挙げるならば、筆者にとって身近な現場は大学であるが、「アメリカ流の公正な競争」を目指した競争的研究資金獲得制度の導入がもたらしたのは、研究教育環境の荒廃・論文生産の低迷であった。これらの事実に対しては、現在ようやく目が向けられつつあるが、驚くべきは事態が直視されてこなかったことである。その姿は、破滅的な戦況を直視することから逃げ続けた戦時下の日本を彷彿とさせる。あたかも「神国ゆえに負けるはずがない」という命題が、「アメリカ流なので間違っているはずがない」へと転化したかのごとき光景を、われわれは目にしている。そこには一片の合理性もない。

2　国体がもたらす破滅

▼破滅はどのように具体化するか

かくして、「戦後の国体」の幻想的観念は、強力に作用し社会を破壊してきた。論理的に言って、その果てに待つのは破滅であるほかないであろう。それがどのようなかたち——たとえば、経済危機とそれに対する日本の反応、戦争、その両方といった——を取るのか、予言することはできないが、ここでは北朝鮮国家によるミサイルと核兵器の開発によってせり上がってきた戦争の危機とそれに対する日本の反応について、見ておきたい。

二〇〇四年に他界した経済学者の森嶋通夫《みちお》は、一九九九年に『なぜ日本は没落するか』と題する著作を上梓している。この著作において、森嶋は二〇五〇年の日本の状態を予測するとして、教育の問題をベースに、経済、政治、価値観といった諸領域で、現代日本社会がどれほどのデッドロックに陥っているかを概観し、日本国は没落する、とりわけ政治的に無力になる可能性が高いと論じている。

森嶋の予測の実現は、二〇五〇年を待つ必要はなかった。この著作のなかでは右傾化や歴史修正主義の勢力拡大について懸念が表明されているが、森嶋が予測していた水準をはるかに超えて、またはるかに早く、悪性のナショナリズム（＝排外主義）がすでに大手を振るようになった。また、森嶋は貧困と階級格差の発生をわずかにしか考慮していないが、現実にはすでにそれらが明白に現れている。要するに、一九九九年の時点で森嶋の予測は十分に悲観的であったが、それよりもさらに悲惨な現実が、その後の約二〇年の間に急速に展開されてきたのである。

なぜこのような惨状に陥ったのか。森嶋は、卓抜な比喩を用いて戦後日本の経済発展とその行き詰まりを説明している。

私は国民経済は小さいエンジンを積んだ帆船であると思っている。自力で動かせることも可能であるが、その場合速力は小さい。しかし風が吹いている場合には、高速で帆走することが出来る。高度成長の時には、朝鮮戦争、ベトナム戦争の風が吹いていた。それらの風が吹かなくなれば船のスピードはエンジンだけのものになってしまう。

したがって、無風状態の時に船を走らせるには、自分たちで風を吹かせるか、外部の人に風が吹くようにしてもらうかのいずれかである。日本人の中で、風を吹かせる役のものは政治家である。しかし現在の日本にはそういう役割を果たせる政治家は不在であるし、日本の政治屋連には、風を吹かすのが自分たちの義務だという意識は全くない。[7]

ここで森嶋は、高度経済成長の実現要因を「日本人の勤勉さ、努力」に帰する主意主義的見解を暗に批判している。幸運にも外からの追い風が吹いていたことが、それを可能にしたのである、と。そして、その「幸運」の正体は、対岸の火事としての戦争であった。

一九八〇年代のバブル景気は、風が止まったなかで、投機の熱狂に風の役割を果たさせたものであったと総括できようが、それは当然はじける運命にあった。第八章で見たように、その後の日本経済は軸足をアジアに移すが、二〇〇〇年代以降、あたかもそれと反比例するかのように、政治とそれを取り巻く社会の雰囲気は対米追従の姿勢を純化させて、今日に至る。

そうした状況下で、森嶋はEU（欧州連合）に範をとった「東北アジア共同体」の創設を呼び掛け、それによって形成される広域経済圏のなかで日本経済は成長の手立てを見つけるべきであると説いている。そうした地域統合が、森嶋の考える、政治家が吹かせるべき風である。

しかし、現実には、「東アジア共同体」構想を掲げた民主党・鳩山由紀夫政権の挫折以降、アメリカ主導のTPP構想が急速に持ち上がり、政官財メディアの主流派は、批判には耳を貸さず、自民党に至っては有権者を瞞着《まんちゃく》してまで、この流れに飛び込んだ。

その一方で、中国は二〇一三年に「一帯一路」構想を打ち出し、それに投資するための国際開発金融機関、ＡＩＩＢ（アジアインフラ投資銀行）の創設を呼び掛けた。アメリカの同盟国が次々とＡＩＩＢへの参加を決めるなか、アメリカと歩調を合わせて不参加としている主要国は日本のみとなった。

そして、二〇一七年に発足した米トランプ政権は、アメリカのＴＰＰ参加を公約通り取りやめる一方、ＡＩＩＢへの加入を決断するのではないかとささやかれている。この間、日本の「政治家が吹かせた風」は異次元金融緩和を柱とするアベノミクスであるが、それは「物価上昇率二％」の目標を達せられないまま、出口を見失い漂流している。

以上の成り行きにおいて日本がやってきたのは、アメリカの顔色を窺いながらの右往左往だけである、と言っても過言ではない。言い換えれば、日本が主体的に「風を吹かせた」ことは、一度としてない。「吹かせようとした」ことさえもない。そして、それをする能力が宿命的に欠けているのであれば、われわれは外からの風に頼るほかないであろう。何がそれをもたらしてくれるのか。森嶋は次のようにも述べている。

今もし、アジアで戦争が起こり、アメリカがパックス・アメリカーナを維持するために日本の力を必要とする場合には、日本は動員に応じ大活躍するだろう。日本経済は、戦後——戦前もある段階までそうだったが——を通じ戦争とともに栄えた経済である。没落しつつある場合にはなりふり構わず戦争に協力するであろう。[8]

『なぜ日本は没落するか』において森嶋の予言したことのうち、これほど不気味かつ鋭いものはない。というのも、この認識を基礎として安倍政権の日米安保体制強化へのコミットと二〇一七年から二〇一八年にかけての朝鮮半島の危機の高まりに対する振る舞いを解釈すれば、そのすべてを整合的に理解できるからである。世界で唯一「北朝鮮にさらなる圧力を」とだけ叫んだこの政権は、要するに、朝鮮半島有事が発生することを期待していたわけであるし、そうする理由はあるのだ。

自民党政権の本質が、「戦後の国体」としての永続敗戦レジームの手段を選ばない死守であることに照らせば、戦後日本に経済的繁栄をかつてもたらした要因としての戦争に、同レジームが再び依存しようとしたとしても、何ら驚くべきことではない。実際、そのような事態の発生に備えて、日米の軍事的協働は年々着々と深められてきたのである。

永続敗戦レジームを無限延命させたい勢力から見れば、朝鮮半島有事の発生はすべての懸案を解決する。在日米軍基地への攻撃は日本本土への攻撃でもあり、自衛権の発動が可能となるのだから、その際に日本が応じる動員は、直接的戦闘行為から一歩引いたものである必要はなくなる。それこそ、アメリカが日本に対して長年望んできた事柄にほかならない。そしてその際には、有事において自衛隊は米軍の指揮下に入るという指揮権密約は公然のものとなるだろう。[9]

衝突に至った場合、その後の北朝鮮の体制がどうなるかはさまざまなケースが考えられるが、いずれにせよ大規模な復興需要が南北朝鮮に発生する。戦争そのものによる需要と相俟って、アベノミクスなるインチキ膏薬《こうやく》によって危うさを増した日本資本主義を、それは救いうる。「憲法九条と自衛隊」の問題も吹き飛ぶ。現に戦争をしているという現実のなかでは、紙に書かれた「戦争放棄」は意味を失う。

無論、この「解決」は、最悪の場合、日本本土が核攻撃を受けるというリスクと引き換えにしか得られない。「北朝鮮による反撃は完全に封じ込められる」という与党政治家たちが懐いていると見られる楽観的観測が、いかなる根拠によって成り立つのか筆者には不明であるが、永続敗戦レジームの支配層からすれば、日本国民に幾許《いくばく》かの犠牲者が発生する程度で済むのであれば、その犠牲の原因を護憲派に帰責してリベラル・左派に対する魔女狩りを始めるきっかけとして活《い》かせばよいのであるから、大した問題ではないのであろう。

緊張が高まったなかで、「北朝鮮が日本にとってリスクであるような強硬路線を突っ走るのは、日本の国土を中軸とする極東アジアの米軍のプレゼンス、つまり北朝鮮から見ればアメリカからの軍事的恫喝が存在するからである」という至極当たり前の事実に思い至らない人々(=永続敗戦レジームのなかで思考停止した大部分の日本人)が、いざ有事が発生したという時に冷静な思慮分別など持てるはずがない。

確かに、軍事衝突が実際に発生してしまえば、日本としては、アメリカの軍事力ならびに大部分の装備品をアメリカ製の武器で賄われ米軍の指揮を受ける自衛隊に頼るほかなくなる。つまり、自らの安全をアメリカに全面的に頼ることになる。しかし、そもそもそのような危機がもたらされた、その大半の要因は、朝鮮戦争が休戦状態のまま放置され、そのことを根拠のひとつとしてアメリカが日本に巨大な軍隊を駐留させ続け、そしてそのために北朝鮮が自国の存続を目指して核ミサイル開発に走った、という事実にある。

だが、「米軍がいるから大丈夫だ」という日本人の漠然たる安心感、国体に抱かれた感覚は、米軍の駐留がリスクの根源となっているという事実を直視することを妨げる。「朝鮮戦争の平和的終結に向けて日本外交は取り組むべきである」という声が政界の中心部からこの期に及んでも出て来ないという光景は、レジームの崩壊期における頽廃の極みを映し出していると同時に、パックス・アメリカーナという八紘一宇に対する日本人の信仰を映し出すものでもある。

この信仰は、朝鮮半島の緊張が相対的に緩和されても揺らぐものではない。アメリカの衰退と中国の大国化によって東アジアの情勢が総体的に不安定化する可能性は高く、米中の狭間に位置する日本は、難しい対処を迫られる。その際に、この信仰がきわめて有害な作用を及ぼすことは、今次の危機に対する日本政府と国民の振る舞いによって証明された。

▼天皇制平和主義

そして、かかる振る舞いもやはり、「戦後の国体」の起源に関わっている。「天皇制民主主義」を指摘したジョン・ダワーは、戦後日本の国是となった平和主義の始発点に関して、鋭くも次のように指摘している。

マッカーサーは日本人に古い残存物を新しいナショナリズムで包み込む可能性を与

えた。彼がいつものやり方で、日本人は他の国々が讃え未来において競おうとするような「平和と民主主義」の指針《ビーコン》となることによって一旦失われた自国の名声を取り戻すことができるかも知れない、と呼びかけたとき、マッカーサーは日本人の国家としての誇りに直接訴えていたのである。この国はいま辱められ、貶められ、膝を屈し、一時たりとはいえ国家の主権さえ失っている。その人々に向かって征服者は語る——真の転向という苦難に耐え、しかもそれを制度化することによって、これらの恥辱を一掃し、道徳的な勝利に転化することができるのだと。[10]

ここで言う「古い残存物」とは天皇制のことである。つまり、天皇を「大元帥」から「平和国家新日本の建設の先導者」へと転身させることによって、日本人の天皇崇拝のナショナリズムの中身を軍国主義から平和主義へと入れ替えることが可能だ、というのがマッカーサーのヴィジョンであったとダワーは見る。その「制度化」とはもちろん憲法九条を指し、現に今日に至るまで九条は変更を受けていないのであるから、このプロジェクトはかなりの程度上手く機能してきたと言えよう。

しかし、そのような評価を下すとき、見落とされるのは、戦後民主主義が「天皇制民主主義」であるならば、それと同様に、戦後の平和主義も「天皇制平和主義」にほかならない、ということだ。このことの持つ重大な意味こそが、現在露呈してきたのである。すなわち、本論で述べたように、戦後七十年余を経て、「国体」の頂点を占めるものはアメリカへとすり替わった。したがって今日、「天皇制平和主義」とは「アメリカの平和主義」あるいは「アメリカ流平和主義」であるほかない。

アメリカの平和主義!? そんなものがあるのかと訝る向きもあろうが、現代世界ではすべての国家は平和主義を国是としており、戦争は国連憲章によって違法化されている。例外として、侵略者に対する自衛行為としての戦争がありうるだけである。しかし、言うまでもなく、以上は建前の次元に属する話であって、国連発足後も自衛の名において侵略的な戦争が数多く闘われてきた。要するに、国家はつねに建前では「平和主義」なのであり、国家がこの言葉を口にする時、それは安全保障政策の全般的な方向性を実質的には意味している。そして、アメリカが実践してきた「平和主義」とは、世界中に部隊を展開しつつ、現実的および潜在的敵を積極的に名指し、時には先制的にこれを叩き潰すことによって、自国の安全、つまり「自国民の平和」を獲得するという「平和主義」である。

そのように理解してみると、安倍政権の掲げてきた「積極的平和主義」の実質が正確に把握できる。すなわち、安倍をはじめとするいわゆる改憲派の主張によれば、戦後日本の九条平和主義は「消極的」なそれであり、これを「積極的」なそれに発展させなければならないのだという。「消極的」だというのは、九条の存在は、実質的には再軍備をした戦後日本に、できる限り戦争・紛争から身を遠ざけることによって自国の安全を確保する、という方針を採らせてきたからである。

だがしかし、日米安保体制のさらなる強化、つまり日米戦力の文字通りの一体化を図るのならば、日米の安全保障政策の全般的方向性（＝平和主義）を一致させなければならない。したがって、「積極的平和主義」の採用とは、右に見た「アメリカ流平和主義」の考え方に日本の安全保障政策の考え方を合わせること、言い換えれば、「戦争をしないことによる安全確保」から「戦争することを通じた安全確保」への一八〇度の方針転換――無論それがすでに完遂されたわけではないが――を含意するわけである。[11]

かくして、「戦後の国体」の末期たる現在において現れたのは、「戦後日本の平和主義」＝「積極的平和主義」＝「アメリカの軍事戦略との一体化」（実質的には、自衛隊の米軍の完全な補助戦力化、さらには日本全土のアメリカの弾除け化）という図式である。この不条理そのものの三位一体は、しかしながら、三項すべてが「天皇制平和主義」であるという一点において、首尾一貫しているのである。

朝鮮半島の緊張に対する日本政府の対処とそれに対する世論の反応は、「戦後の国体」の臣民たる今日の日本人が奉ずる「平和主義」の内実を明るみに出した。「平和主義」の意味内容の変遷は、「戦後の国体」の頂点を占める項が、菊から星条旗へと明示的に移り変わる過程を反映している。今後の東アジア情勢次第では、「天皇制平和主義」を清算しない限り、われわれは生き残り得ないであろうし、生き残る価値も見出し得ない。

3　再び「お言葉」をめぐって

▼歴史の転換と「天皇の言葉」

本書で見てきた「戦後の国体」の崩壊過程における危機という文脈は、第一章で論じた、今上天皇による異例のメッセージ、「お言葉」が発せられた文脈でもある。だからこそ、あのメッセージを見聞きした時、筆者は衝撃を受けた。

それが発せられた文脈と、そこに込められた意図を丹念に追ってゆくならば、「お言葉」は、この国の歴史に何度か刻印されている、天皇が発する、歴史の転換を画する言葉となりうるものであると、筆者は受け取った。つまり、「お言葉」は、古くは後醍醐《ごだいご》天皇による倒幕の綸旨《りんじ》や、より新しくは孝明《こうめい》天皇による攘夷決行の命令、明治天皇による五箇条の御誓文、そして昭和天皇の玉音放送といった系譜に連なるものである。そのような言葉を自分の耳で聞くことがあろうとは、それまで夢にも思わなかった。

しかし同時に、すでに述べたように、この思い切った行為の必然性は、それまで筆者が考えてきたことから、明らかであった。腐朽した「戦後の国体」が国家と社会、そして国民の精神をも破綻へと導きつつある時、本来ならば国体の中心にいると観念されてきた存在＝天皇が、その流れに待ったをかける行為に出たのである。

この事態が逆説的に見えるのは、起きた出来事は「天皇による天皇制批判」であるからだ。「象徴」による国民統合作用が繰り返し言及されたことによって、われわれは自問せざるを得なくなったのである。すなわち、アメリカを事実上の天皇と仰ぐ国体において、日本人は霊的一体性を本当に保つことができるのか、という問いをである。もし仮に、日本人の答えが「それでいいのだ」というものであるのなら、それは天皇の祈りは無用であるとの宣告にほかならない。われわれがそう答えるならば、天皇（および想定される地位継承者たち）はその地位と職務を全うする義務を自らに課し続けるであろうか。それは甚だ疑問である。

▼「お言葉」をどう受け止めるか

さて、以上のような「お言葉」の解釈は、その内容に政治的意義を読み取ることによって「天皇の政治利用」につながるとの批判を招くことが予想される。またあるいは、天皇の発言に霊性に関わる次元を読み込むことは、「天皇の権威主義的な神格化」につながるという批判も予想される。

筆者は、自らの展開してきた「お言葉」の解釈が、現実政治にあからさまに関係するという意味で政治的であること、また「お言葉」にある種の霊的権威を認めていることを決して否定はしない。

しかしながら同時に、筆者は「尊皇絶対」や「承詔必謹」を口にする気はさらさらない。なぜなら、かかる解釈をあえて公表する最大の動機は、今上天皇の今回の決断に対する人間としての共感と敬意であるからだ。

その共感とは、政治を超えた、あるいは政治以前の次元のものであり、天皇の「私は象徴天皇とはかくあるべきものと考え、実践してきました、皆さんにもよく考えて欲しいと思います」という呼び掛けに対して応答することを筆者に促すものである。応答せねばならないと感じたのは、先にも述べた通り、「お言葉」を読み上げたあの常のごとく穏やかな姿には、同時に烈しさが滲み出ていたからである。

それは、闘う人間の烈しさだ。「この人は、何かと闘っており、その闘いには義がある」――そう確信した時、不条理と闘うすべての人に対して筆者が懐く敬意から、黙って通り過ぎることはできないと感じた。ならば、筆者がそこに立ち止まってできることは、その「何か」を能う限り明確に提示することであった。

「お言葉」が歴史の転換を画するものでありうるということは、その可能性を持つということ、言い換えれば、潜在的にそうであるにすぎない。その潜在性・可能性を現実態に転化することができるのは、民衆の力だけである。

民主主義とは、その力の発動に与えられた名前である。

註

【第一章】

1 「毎日新聞」(朝刊)二〇一七年五月二一日。

2 「産経ニュース」(ウェブ版)二〇一七年五月二二日一八時一六分。

3 八木秀次「憲法巡る両陛下ご発言公表への違和感」:『正論』二〇一四年五月号、四六〜四七頁。

4 白井聡『「戦後」の墓碑銘』金曜日、二〇一五年、三五〜四六頁。

5 「永続敗戦」とは、筆者の造語であるが、日本の戦後レジームの核心を指示し、その特殊な対米従属の在り方を解明するための概念である。その原理は、アメリカのアジアでの最重要の同盟者となることによって、第二次世界大戦における敗北が持つ意味を曖昧化すること、すなわち「敗戦の否認」である。敗戦の否認を続けるためには際限なくアメリカに従属せねばならず、際限ない対米従属を続ける限り敗戦を否認し続けることができる。かくして、負けを正面から認めたくないがために、延々と負け続ける。この原理を主柱とし、親米保守派がその支配層に鎮座する体制が「永続敗戦レジーム」である。『永続敗戦論——戦後日本の核心』講談社+α文庫、二〇一六年、六一〜七七頁を参照。

6 森暢平「メディア天皇制論——『物語』としての皇室報道」:吉田裕、瀬畑源、河西秀哉編『平成の天皇制とは何か——制度と個人のはざまで』岩波書店、二〇一七年、一七九〜一八〇頁。

7 宮内庁HP。http://www.kunaicho.go.jp/page/okotoba/detail/12(以下、「お言葉」の引用は同HPに依る)

8 加藤哲郎『象徴天皇制の起源——アメリカの心理戦「日本計画」』平凡社新書、二〇〇五年、二六頁。

【第二章】

1 豊下楢彦『安保条約の成立——吉田外交と天皇外交』岩波新書、一九九六年、四七頁。

2 同前、参照のこと。

3 豊下楢彦『昭和天皇・マッカーサー会見』岩波現代文庫、二〇〇八年、一二八頁。

4 伊勢﨑賢治、布施祐仁『主権なき平和国家——地位協定の国際比較からみる日本の姿』集英社クリエイティブ、二〇一七年、三五頁。

5 大澤真幸『戦後の思想空間』ちくま新書、一九九八年、二一頁。

6 白井聡『戦後政治を終わらせる——永続敗戦の、その先へ』NHK出版新書、二〇一六年、一四〇〜一四一頁。

7 大澤真幸『不可能性の時代』岩波新書、二〇〇八年、二頁。

8 イマニュエル・ウォーラーステイン『ポスト・アメリカ——世界システムにおける地政学と地政文化』丸山勝訳、藤原書店、一九九一年、八三〜八四頁。

9 大澤真幸、前掲『不可能性の時代』、一五七頁。

10 吉見俊哉『親米と反米——戦後日本の政治的無意識』岩波新書、二〇〇七年。

【第三章】

1 北一輝『自筆修正版 国体論及び純正社会主義』長谷川雄一、C・W・A・スピルマン、萩原稔編、ミネルヴァ書房、二〇〇七年、二三七頁。

2 マックス・ヴェーバー『職業としての政治』脇圭平訳、岩波文庫、一九八〇年、九頁。

3 松沢裕作『自由民権運動——〈デモクラシー〉の夢と挫折』岩波新書、二〇一六年、一〇四〜一〇五頁。

4 多木浩二『天皇の肖像』岩波現代文庫、二〇〇二年、一四七頁。
5 米原謙によれば、「この時期の『国体』という語には、大別すると、（1）国家の体面あるいは国威、（2）国家の気風、（3）伝統的な国家体制、（4）万世一系の皇統を基軸とする政教一致体制、という四つの用例がある」。米原謙『国体論はなぜ生まれたか――明治国家の知の地形図』ミネルヴァ書房、二〇一五年、三九頁。
6 島薗進『国家神道と日本人』岩波新書、二〇一〇年、一二頁。
7 久野収、鶴見俊輔『現代日本の思想――その五つの渦』岩波新書、一九五六年、一一七～一八二頁。また、白井聡、前掲『永続敗戦論』、二〇五～二〇六頁を参照のこと。
8 伊藤博文『憲法義解』宮澤俊義校註、岩波文庫、一九四〇年、二七頁。
9 安田浩『天皇の政治史――睦仁・嘉仁・裕仁の時代』青木書店、一九九八年、一三八頁。
10 長尾龍一『日本憲法思想史』講談社学術文庫、一九九六年、一六頁。
11 佐々木英昭『乃木希典――予は諸君の子弟を殺したり』ミネルヴァ書房、二〇〇五年、三三頁。
12 同前、一二七～一二八頁。
13 芥川龍之介「将軍」:『芥川龍之介全集4』ちくま文庫、一九八七年、三七一頁。
14 大濱徹也『乃木希典』講談社学術文庫、二〇一〇年、二二七頁。

【第四章】

1 ダグラス・マッカーサー『マッカーサー回想記〈下〉』津島一夫訳、朝日新聞社、一九六四年、一四二頁。
2 同前、一四二頁。
3 豊下楢彦、前掲『昭和天皇・マッカーサー会見』、二一～二三頁。
4 John W. Dower, "The Showa Emperor and Japan's Postwar Imperial Democracy", JPRI Working Paper No. 61 : October 1999 (http://www.jpri.org/publications/workingpapers/wp61.html)
5 ジョン・ダワー『増補版　敗北を抱きしめて（下）』三浦陽一、高杉忠明、田代泰子訳、岩波書店、二〇〇四年、一三頁。
6 岡本嗣郎『終戦のエンペラー――陛下をお救いなさいまし』集英社文庫、二〇一三年、三一三頁。

【第五章】

1 「ポツダム宣言受諾に関し瑞西、瑞典を介し連合国側に申し入れ関係」。http://www.ndl.go.jp/constitution/shiryo/01/010/010tx.html（以下、註記のない限り外交文書の引用は同HPに依る）
2 宮内庁『昭和天皇実録　第九』東京書籍、二〇一六年、七五九頁。
3 九月二日に調印される降伏文書には、この部分とほぼ同じ表現が盛り込まれたが、外務省は再び、subject toを「制限ノ下ニ置カル」と訳している。
4 宮内庁、前掲『昭和天皇実録　第九』、七六〇頁。
5 衆議院憲法審査会「関係会議録」本会議 昭和二一年六月二五日（第五号）。http://www.shugiin.go.jp/internet/itdb_kenpou.nsf/html/kenpou/s210625-h05.htm
6 長尾龍一、前掲『日本憲法思想史』二〇一頁。
7 同前、二〇三頁。
8 同前、二〇四～二〇五頁。
9 同前、二〇五頁。
10 同前、二〇三～二〇四頁。
11 白井聡、前掲『永続敗戦論』、一七八～一七九頁。
12 長尾龍一、前掲『日本憲法思想史』、二六七頁。

13　砂川事件の最高裁判決要旨、判例データベース。http://www.courts.go.jp/app/hanrei_jp/detail2?id=55816

14　矢部宏治『日本はなぜ、「基地」と「原発」を止められないのか』集英社インターナショナル、二〇一四年、四一頁。

15　「朝日新聞デジタル」二〇一七年五月三日。また、同趣旨の天皇の意向表明があったことは、以前よりアメリカの公文書によって明らかにされており、二〇一七年の新資料発見は、米公文書の内容を裏づけることとなった。

16　その具体的過程については、豊下楢彦『昭和天皇の戦後日本――〈憲法・安保体制〉にいたる道』岩波書店、二〇一五年を参照せよ。

17　ケネス・ルオフ『国民の天皇――戦後日本の民主主義と天皇制』高橋紘監修、木村剛久、福島睦男訳、岩波現代文庫、二〇〇九年、一三五～一九五頁。

18　日本の戦後レジームの反共主義が微温的なものにとどまった理由については、白井聡、前掲『永続敗戦論』、六五～六六頁、ならびに、白井聡、前掲『戦後政治を終わらせる』、四八～四九頁を参照。

19　矢部宏治は天皇の振る舞いについて、「一朝一夕にできたものではなく、非常に洗練されている」と述べている。矢部宏治、前掲『日本はなぜ、「基地」と「原発」を止められないのか』、一四九頁を参照。

20　袖井林二郎『マッカーサーの二千日』中公文庫、二〇一五年、八三頁。

21　原武史『昭和天皇』岩波新書、二〇〇八年、一八一頁。

22　原武史『「昭和天皇実録」を読む』岩波新書、二〇一五年、二一八～二二〇頁。

23　「朝日新聞」(朝刊)一九七五年一一月一日。

24　カール・マルクス『マルクス・コレクション　Ⅲ　ルイ・ボナパルトのブリュメール一八日　ほか』横張誠、木前利秋、今村仁司訳、筑摩書房、二〇〇五年、四頁。

25　例えば、「昔は私たちは、朝な夕なに天皇陛下の御真影を神様のようにあがめ奉ったものですが、今はマッカーサー元帥のお姿に向かってそう致して居ります」。他にも、アメリカによる日本の併合を望む手紙も多数あったことが確認されている。袖井林二郎『拝啓マッカーサー元帥様――占領下の日本人の手紙』岩波現代文庫、二〇〇二年、三〇二頁。

26　神社は、「マッカーサー元帥記念館」とも呼ばれていたと思われる。半藤一利『ぶらり日本史散策』文春文庫、二〇一二年、一三一頁、および西鋭夫『國破れて マッカーサー』中公文庫、二〇〇五年、五三五頁。

27　坂口安吾「続堕落論」:『堕落論』新潮文庫、二〇〇〇年、九三～九四頁。

28　同前、九四頁。

【第六章】

1　「朝日新聞」(夕刊)一九五六年一二月二四日。

2　谷川雁、鶴見俊輔、吉本隆明「ゼロからの出発」:藤田省三『藤田省三対話集成1』みすず書房、二〇〇六年、一一九～一三〇頁。

3　同前、一三三頁。

4　この論点については、白井聡「吉本隆明と藤田省三――『大衆の原像』の起源と行方」:杉田敦編『ひとびとの精神史　第6巻　日本列島改造――1970年代』岩波書店、二〇一六年、一二九～一五八頁を参照。

5　三島由紀夫「果たし得てゐない約束」:『決定版　三島由紀夫全集36』新潮社、二〇〇三年、二一四～二一五頁。

6 三島由紀夫「檄」:『決定版 三島由紀夫全集36』新潮社、二〇〇三年、四〇五頁。
7 同前、四〇四頁。
8 鈴木宏三『三島由紀夫――幻の皇居突入計画』彩流社、二〇一六年。
9 松下竜一『狼煙を見よ』河出書房新社、二〇〇〇年、一四八～一四九頁。
10 『腹腹時計 VOL. 3』東アジア反日武装戦線KF部隊（準）、一九七九年、七頁。原本入手困難なため、以下サイトのPDFに準拠した。http://p.booklog.jp/books?sc=&w=%E8%85%B9%E8%85%B9%E6%99%82%E8%A8%88
11 『腹腹時計 VOL. 1』東アジア反日武装戦線KF部隊（準）、一九七四年、一二頁。
12 同前、七頁。
13 鈴木邦男『テロ――東アジア反日武装戦線と赤報隊』彩流社、一九八八年、九四頁。
14 同前、九六～九七頁。

【第七章】

1 この「打倒」の時点をどこに見るのか、言い換えれば大正デモクラシー期の終わりをどこに見出すのかは、論者によって異なる。最も早めに取る論者は、一九二五年の治安維持法に大正デモクラシーの終焉を見定め、最も遅めに取る論者は一九三一年の満州事変に見定める。
2 中島岳志編『橋川文三セレクション』岩波現代文庫、二〇一一年、一二四頁。
3 同前、一二六頁。
4 伊藤晃『「国民の天皇」論の系譜――象徴天皇制への道』社会評論社、二〇一五年、一五～一六頁。
5 同前、三四頁。
6 朝日平吾「死の叫び声」:鈴木邦男編『シリーズ 紙礫4 テロル Terror』皓星社、二〇一六年、七五頁。
7 同前、七五頁。
8 同前、七六～七七頁。
9 同前、八二頁。
10 同前、八二頁。
11 橋川文三『昭和ナショナリズムの諸相』筒井清忠編・解説、名古屋大学出版会、一九九四年、一九頁。
12 久野収、鶴見俊輔、前掲『現代日本の思想』、一二三頁。
13 同前、一二三頁。
14 原武史『可視化された帝国――近代日本の行幸啓〔増補版〕』みすず書房、二〇一一年、二四一頁。
15 同前、三七六頁。
16 石堂清倫、山辺健太郎編『コミンテルン 日本にかんするテーゼ集』青木文庫、一九六一年、四三頁。
17 梅森直之『初期社会主義の地形学――大杉栄とその時代』有志舎、二〇一六年、五一頁。
18 同前、五一～五二頁。
19 この点については、白井聡『未完のレーニン――〈力〉の思想を読む』講談社選書メチエ、二〇〇七年、一六七～一七五頁を参照。
20 梅森直之、前掲『初期社会主義の地形学』、五二頁。
21 石堂清倫、山辺健太郎編、前掲『コミンテルン 日本にかんするテーゼ集』、八二頁。
22 梅森直之、前掲『初期社会主義の地形学』、五二頁。
23 同前、五二頁。

24　佐野学、鍋山貞親「共同被告同志に告ぐる書」:『改造』、一九三三年七月号、一九五頁。
25　同前、一九五～一九六頁。
26　青木孝平編著『天皇制国家の透視――日本資本主義論争I』社会評論社、一九九〇年、三〇三頁。
27　久野収、鶴見俊輔、前掲『現代日本の思想』、一三八～一三九頁。
28　北一輝、前掲『自筆修正版 国体論及び純正社会主義』、一三八頁。
29　同前、二四三頁。
30　同前、二〇六頁。
31　橋川文三、前掲『昭和ナショナリズムの諸相』、三頁。
32　大蔵栄一『二・二六事件への挽歌』読売新聞社、一九七一年、一七二頁。
33　本庄繁『本庄日記』原書房、一九六七年、二七五～二七六、二七八頁。
34　北一輝『日本改造法案大綱』中公文庫、二〇一四年、一六頁。
35　磯部浅一『獄中手記』中公文庫、二〇一六年、八四頁。
36　同前、八七～八八頁。
37　三島由紀夫「『道義的革命』の論理――磯部一等主計の遺稿について」:『決定版 三島由紀夫全集34』新潮社、二〇〇三年、三五三頁。
38　久野収、鶴見俊輔、前掲『現代日本の思想』、一四九頁。
39　三島由紀夫、前掲「『道義的革命』の論理」:『決定版 三島由紀夫全集34』、三五三頁。
40　磯部浅一、前掲『獄中手記』、一一一頁。
41　寺崎英成、マリコ・テラサキ・ミラー編著『昭和天皇独白録』文春文庫、一九九五年、一六一頁。
42　太宰治「苦悩の年鑑」:『太宰治選集　I』柏艪舎、二〇〇九年、三〇七頁。

【第八章】

1　ジョヴァンニ・アリギ『長い20世紀――資本、権力、そして現代の系譜』土佐弘之監訳、柄谷利恵子、境井孝行、永田尚見訳、作品社、二〇〇九年、四五九頁。
2　同前、五一六～五一七頁。
3　同前、五〇～五一頁。
4　同前、四四九頁。
5　同前、四五〇頁。
6　同前、五一頁。
7　同前、五二頁。
8　同前、五三頁。
9　同前、五三一頁。
10　香山健一「靖国神社公式参拝を行わぬよう決断を」:世界平和研究所編『中曽根内閣史 資料篇（続）』世界平和研究所、一九九七年、二三六頁。
11　松田武『対米依存の起源――アメリカのソフト・パワー戦略』岩波現代全書、二〇一五年、五一～五二頁。
12　梅林宏道によると、二〇一五年度の負担率は、日本政府の見積もりで八六・四%にも上る。梅林宏道『在日米軍――変貌する日米安保体制』岩波新書、二〇一七年、三九頁。
13　同前、四一～四二頁。
14　同前、四二頁。
15　柳澤協二、伊勢崎賢治、加藤朗『新・日米安保論』集英社新書、二〇一七年、一八九～一九〇頁。

【終章】

1 竹内好「権力と芸術」:中村光夫、唐木順三、臼井吉見、竹内好『現代日本文學大系 78』筑摩書房、一九七一年、三四三頁。

2 赤坂憲雄『象徴天皇という物語』ちくま学芸文庫、二〇〇七年、二一七頁。

3 安丸良夫『近代天皇像の形成』岩波現代文庫、二〇〇七年、一三頁。

4 同前、三〇九頁。

5 同前、三一一頁。

6 マルクス、エンゲルス『新編輯版 ドイツ・イデオロギー』廣松渉編訳、小林昌人補訳、岩波文庫、二〇〇二年、六一頁。

7 森嶋通夫『なぜ日本は没落するか』岩波現代文庫、二〇一〇年、五九〜六〇頁。

8 同前、一一六頁。

9 指揮権密約については、末浪靖司『「日米指揮権密約」の研究——自衛隊はなぜ、海外へ派兵されるのか』創元社、二〇一七年。および矢部宏治『知ってはいけない——隠された日本支配の構造』講談社現代新書、二〇一七年、一八七〜二一七頁。

10 ジョン・W・ダワー「解説」(袖井林二郎訳):袖井林二郎、前掲『拝啓マッカーサー元帥様』、四三二頁。

11 「積極的平和主義」については、白井聡、前掲『「戦後」の墓碑銘』、一一三〜一二〇頁を参照のこと。

引用に際し適宜、漢字の旧字体は新字体にあらため、難読の部分にはルビを施し、原典の明らかな誤植は修正をしました。なお、今日の人権意識に照らして不適切と思われる表現については時代背景と資料的意義に鑑み修正・削除を行わずに掲載しています。

本書を、大下敦史の想い出に捧げる。

白井　聡（しらい　さとし）

一九七七年、東京都生まれ。政治学者。早稲田大学政治経済学部政治学科卒業、一橋大学大学院社会学研究科博士課程単位修得退学。博士（社会学）。専攻は政治学・社会思想。京都精華大学人文学部専任講師。『永続敗戦論――戦後日本の核心』（太田出版）で、石橋湛山賞、角川財団学芸賞、いける本大賞を受賞。

集英社新書〇九二八A

国体論《こくたいろん》　菊《きく》と星条旗《せいじょうき》

二〇一八年四月二二日　第一刷発行
二〇一八年五月　六　日　第二刷発行

著者……白井《しらい》　聡《さとし》
発行者……茨木政彦
発行所……株式会社集英社
東京都千代田区一ツ橋二-五-一〇　郵便番号一〇一-八〇五〇
電話　〇三-三二三〇-六三九一（編集部）
〇三-三二三〇-六〇八〇（読者係）
〇三-三二三〇-六三九三（販売部）書店専用

装幀……原　研哉　　組版……MOTHER
印刷所……大日本印刷株式会社　凸版印刷株式会社
製本所……加藤製本株式会社

定価はカバーに表示してあります。

ISBN 978-4-08-721028-6 C0231

集英社新書 好評既刊

政治・経済——A

- 「独裁者」との交渉術 — 明石 康
- 著作権の世紀 — 福井 健策
- メジャーリーグ なぜ「儲かる」 — 岡田 功
- 「10年不況」脱却のシナリオ — 斎藤精一郎
- ルポ 戦場出稼ぎ労働者 — 安田 純平
- 二酸化炭素温暖化説の崩壊 — 広瀬 隆
- 「戦地」に生きる人々 — 日本ビジュアル・ジャーナリスト協会編
- 超マクロ展望 世界経済の真実 — 水野和夫 萱野稔人
- TPP亡国論 — 中野 剛志
- 日本の1/2革命 — 池上彰 佐藤賢一
- 中東民衆革命の真実 — 田原 牧
- 「原発」国民投票 — 今井 一
- 文化のための追及権 — 小川 明子
- グローバル恐慌の真相 — 中野剛志 柴山桂太
- 帝国ホテルの流儀 — 犬丸 一郎
- 中国経済 あやうい本質 — 浜 矩子
- 静かなる大恐慌 — 柴山 桂太
- 闘う区長 — 保坂 展人
- 対論！ 日本と中国の領土問題 — 横山宏章 王雲海
- 戦争の条件 — 藤原 帰一
- 金融緩和の罠 — 藻谷浩介 河野龍太郎 小野善康 萱野稔人
- バブルの死角 日本人が損するカラクリ — 岩本 沙弓
- TPP黒い条約 — 中野剛志・編
- はじめての憲法教室 — 水島 朝穂
- 成長から成熟へ — 天野 祐吉
- 資本主義の終焉と歴史の危機 — 水野 和夫
- 上野千鶴子の選憲論 — 上野千鶴子
- 安倍官邸と新聞 「二極化する報道」の危機 — 徳山 喜雄
- 世界を戦争に導くグローバリズム — 中野 剛志
- 誰が「知」を独占するのか — 福井 健策
- 儲かる農業論 エネルギー兼業農家のすすめ — 金子勝 武本俊彦
- 国家と秘密 隠される公文書 — 久保亨 瀬畑源
- 秘密保護法—社会はどう変わるのか — 宇都宮健児 堀敏明 足立昌勝 林克明

a pilot of wisdom

沈みゆく大国 アメリカ　堤 未果
亡国の集団的自衛権　柳澤 協二
資本主義の克服 「共有論」で社会を変える　金子 勝
沈みゆく大国 アメリカ 〈逃げ切れ！ 日本の医療〉　堤 未果
「朝日新聞」問題　徳山 喜雄
丸山眞男と田中角栄 「戦後民主主義」の逆襲　佐高 信／早野 透
英語化は愚民化 日本の国力が地に落ちる　施 光恒
宇沢弘文のメッセージ　大塚 信一
経済的徴兵制　布施 祐仁
国家戦略特区の正体 外資に売られる日本　郭 洋春
愛国と信仰の構造 全体主義はよみがえるのか　中島 岳志／島薗 進
イスラームとの講和 文明の共存をめざして　内藤 正典／中田 考
「憲法改正」の真実　樋口 陽一／小林 節
世界を動かす巨人たち 〈政治家編〉　池上 彰
安倍官邸とテレビ　砂川 浩慶
普天間・辺野古 歪められた二〇年　宮城 大蔵／渡辺 豪
イランの野望 浮上する「シーア派大国」　鵜塚 健

自民党と創価学会　佐高 信
世界「最終」戦争論 近代の終焉を超えて　内田 樹／姜 尚中
日本会議 戦前回帰への情念　山崎 雅弘
不平等をめぐる戦争 グローバル税制は可能か？　上村 雄彦
中央銀行は持ちこたえられるか　河村 小百合
近代天皇論 ――「神聖」か、「象徴」か　片山 杜秀／島薗 進
地方議会を再生する　相川 俊英
ビッグデータの支配とプライバシー危機　宮下 紘
スノーデン 日本への警告　エドワード・スノーデン／青木 理 ほか
閉じてゆく帝国と逆説の21世紀経済　水野 和夫
新・日米安保論　柳澤 協二／伊勢﨑 賢治／加藤 朗
グローバリズム その先の悲劇に備えよ　中野 剛志／柴山 桂太
世界を動かす巨人たち 〈経済人編〉　池上 彰
アジア辺境論 これが日本の生きる道　内田 樹／姜 尚中
ナチスの「手口」と緊急事態条項　長谷部 恭男／石田 勇治
改憲的護憲論　松竹 伸幸
「在日」を生きる ある詩人の闘争史　金 時鐘／佐高 信